SUEÑA EN GRANDE

LIBRO PARA COLOREAR PARA ADULTOS JÓVENES

Coloring Bandit

Copyright © 2017 by Coloring Bandit
Todos los derechos reservados.

Ninguna parte de este libro se puede reproducir o utilizar de cualquier modo o forma o por ningún medio, tanto electrónico como mecánico; esto significa que no se pueden grabar, registrar o fotocopiar ningún consejo o idea material proporcionado en este libro.

Publicado por Speedy Publishing Canada Limited

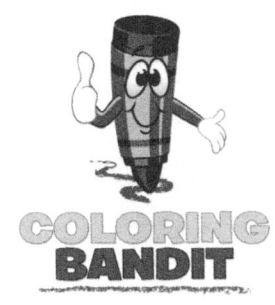

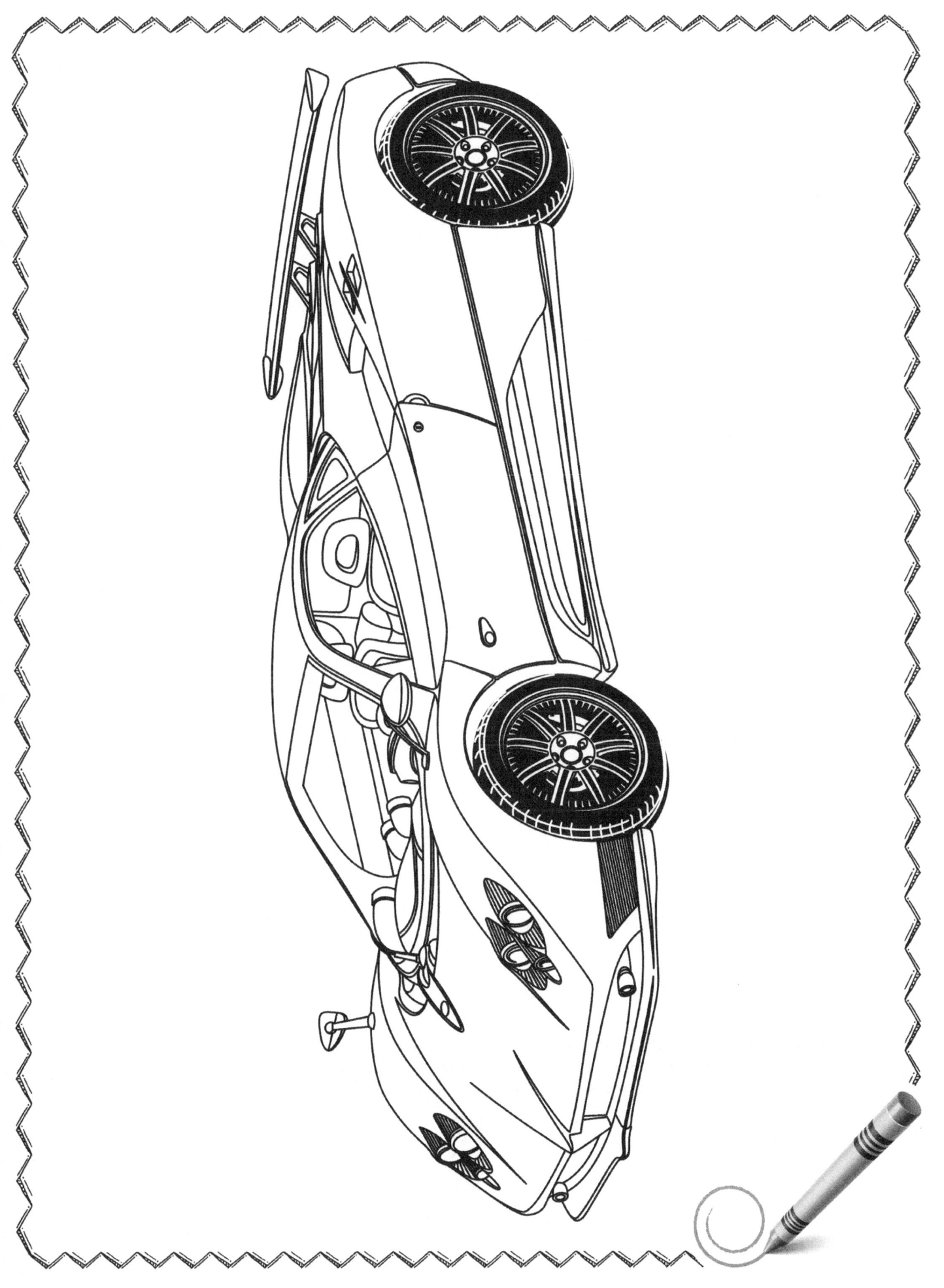

Se trata de un sangrado a través de la página si está usando un colorante marcador o pluma!

Encontrar otros títulos grandes por busca de Bandido Para Colorear en tu favorito libro minorista

Amazon.Ca | Barnes & Noble (BN.Com) | Libros 1 Millón (BAM.Com)

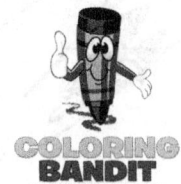

**COLORING
BANDIT**

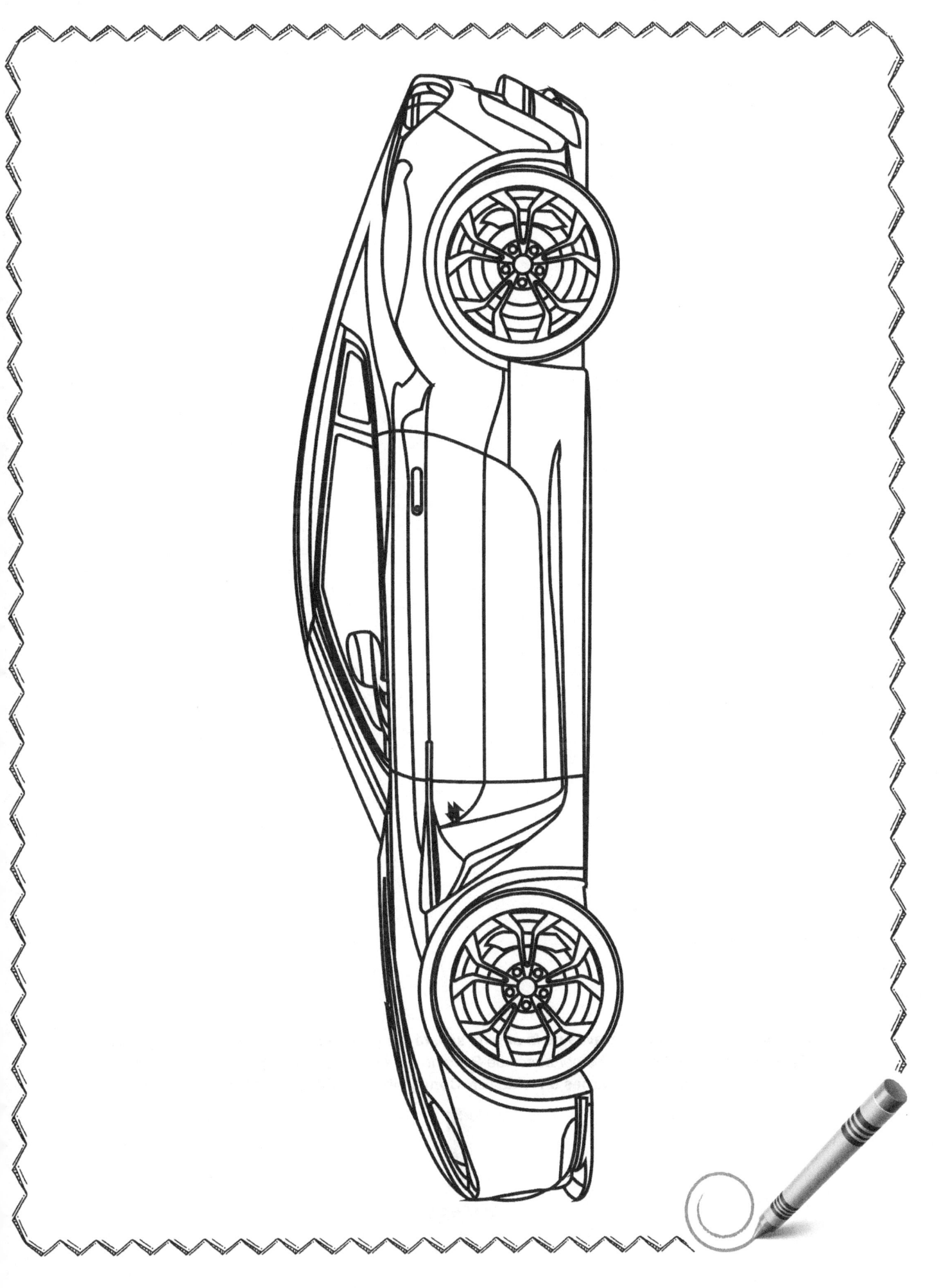

Se trata de un sangrado a través de la página si está usando un colorante marcador o pluma!
Encontrar otros títulos grandes por busca de Bandido Para Colorear en tu favorito libro minorista
Amazon.Ca | Barnes & Noble (BN.Com) | Libros 1 Millón (BAM.Com)

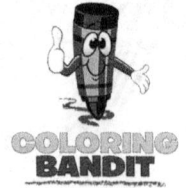

COLORING
BANDIT

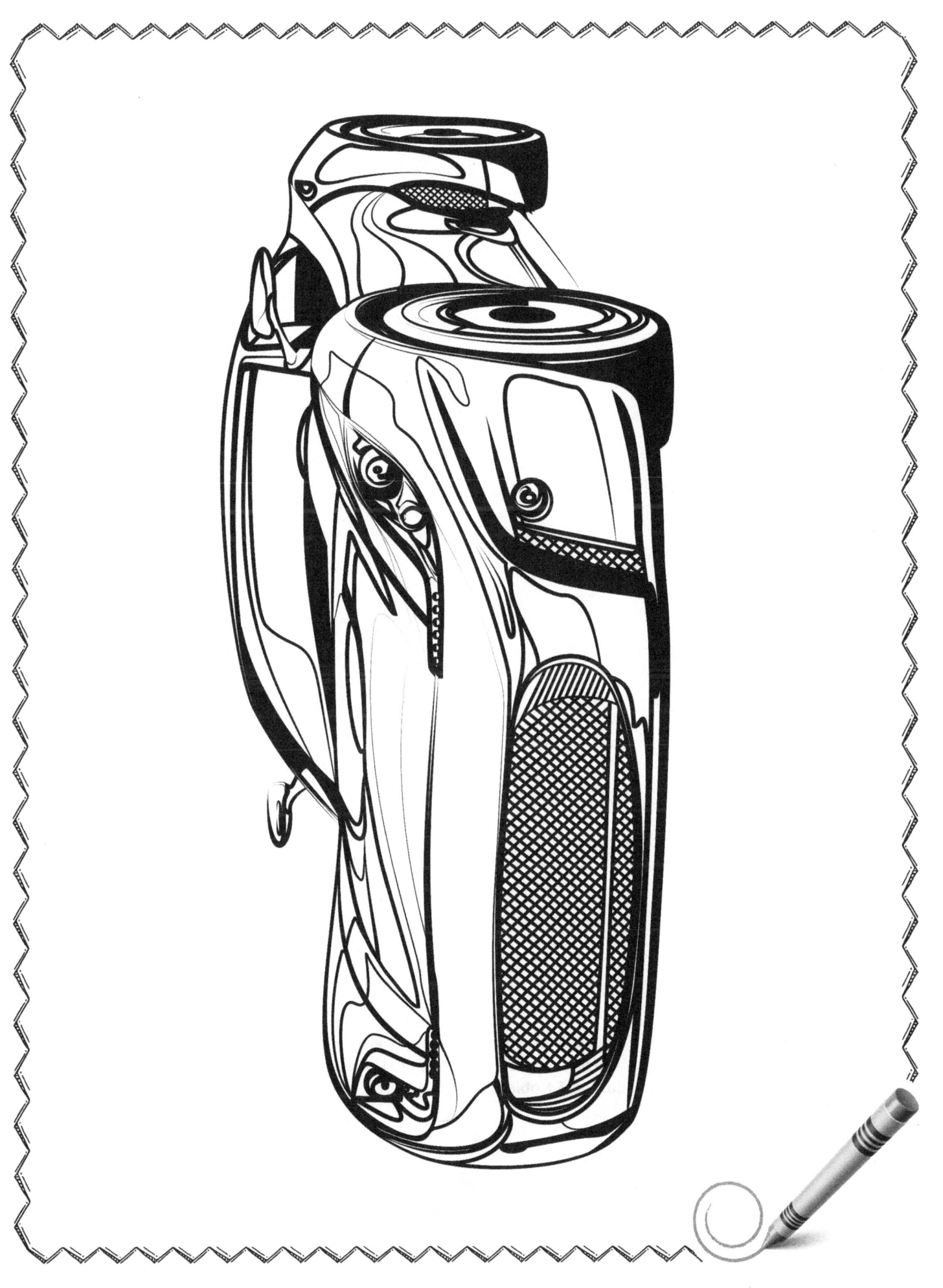

Se trata de un sangrado a través de la página si está usando un colorante marcador o pluma!
Encontrar otros títulos grandes por busca de Bandido Para Colorear en tu favorito libro minorista
Amazon.Ca | Barnes & Noble (BN.Com) | Libros 1 Millón (BAM.Com)

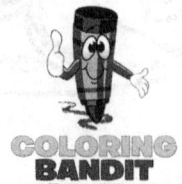

COLORING
BANDIT

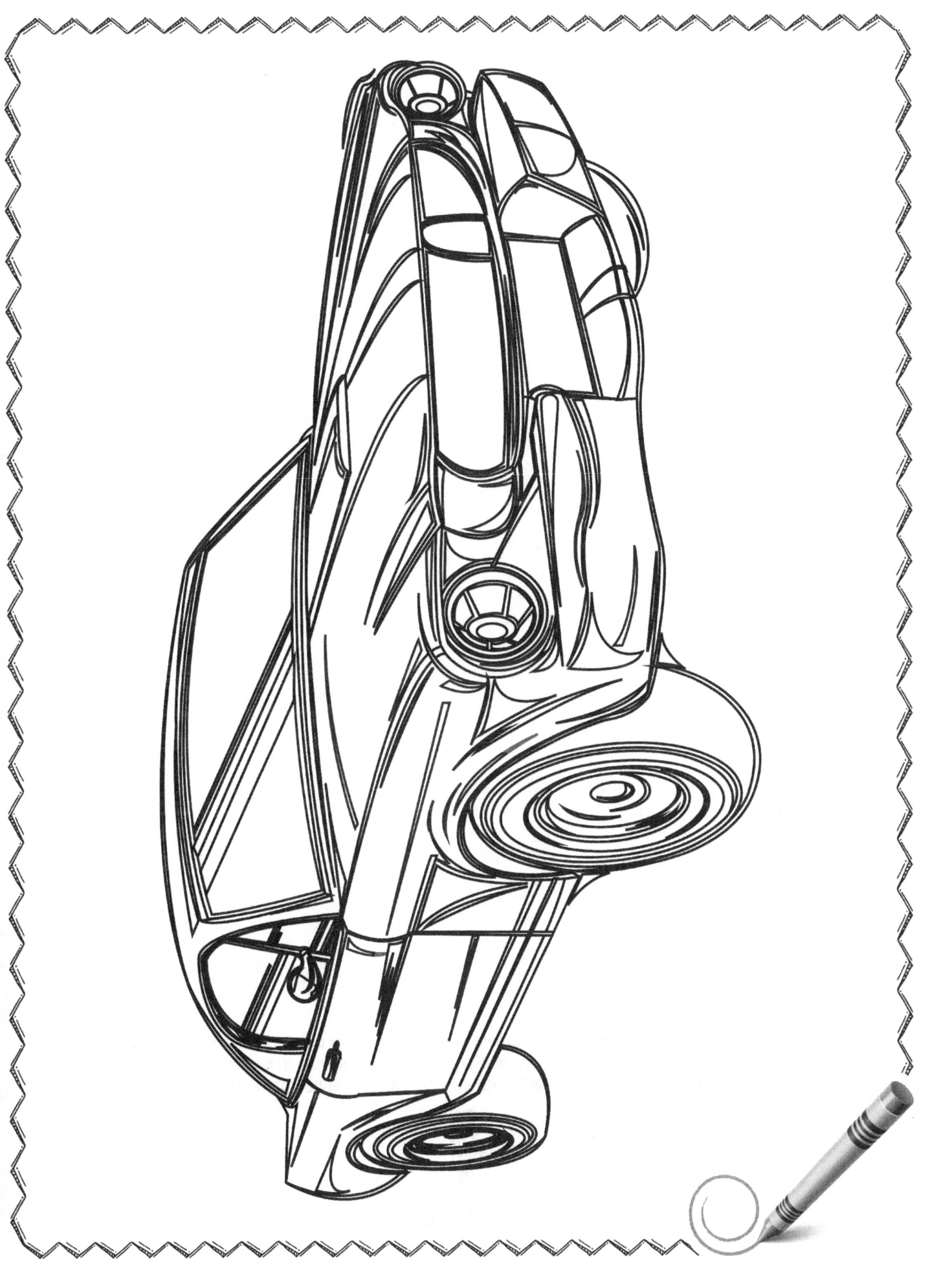

Se trata de un sangrado a través de la página si está usando un colorante marcador o pluma!
Encontrar otros títulos grandes por busca de <u>*Bandido Para Colorear*</u> *en tu favorito libro minorista*
Amazon.Ca | Barnes & Noble (BN.Com) | Libros 1 Millón (BAM.Com)

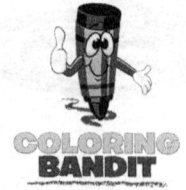

COLORING
BANDIT

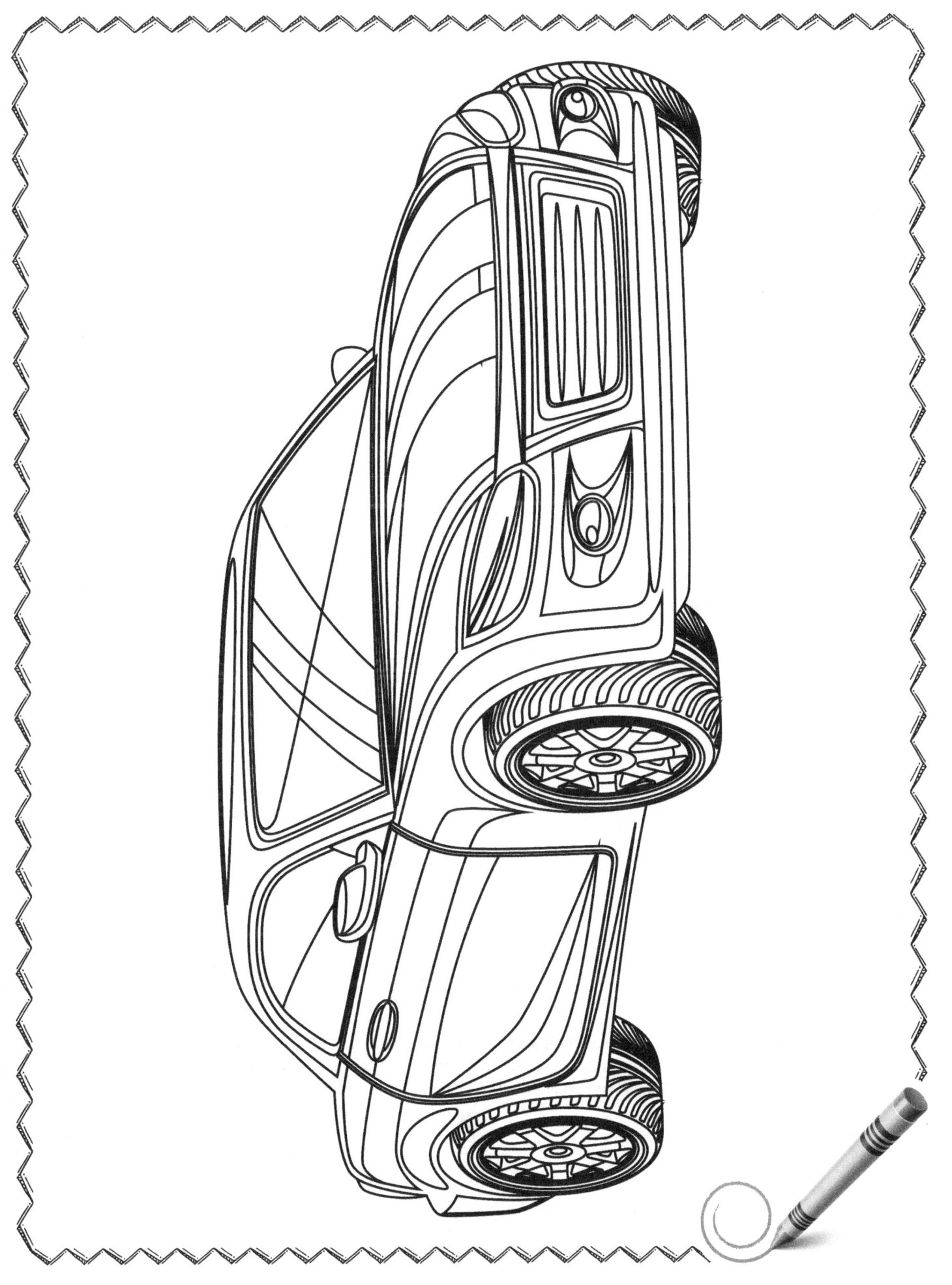

Se trata de un sangrado a través de la página si está usando un colorante marcador o pluma!

Encontrar otros títulos grandes por busca de Bandido Para Colorear en tu favorito libro minorista

Amazon.Ca | Barnes & Noble (BN.Com) | Libros 1 Millón (BAM.Com)

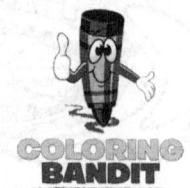

COLORING
BANDIT

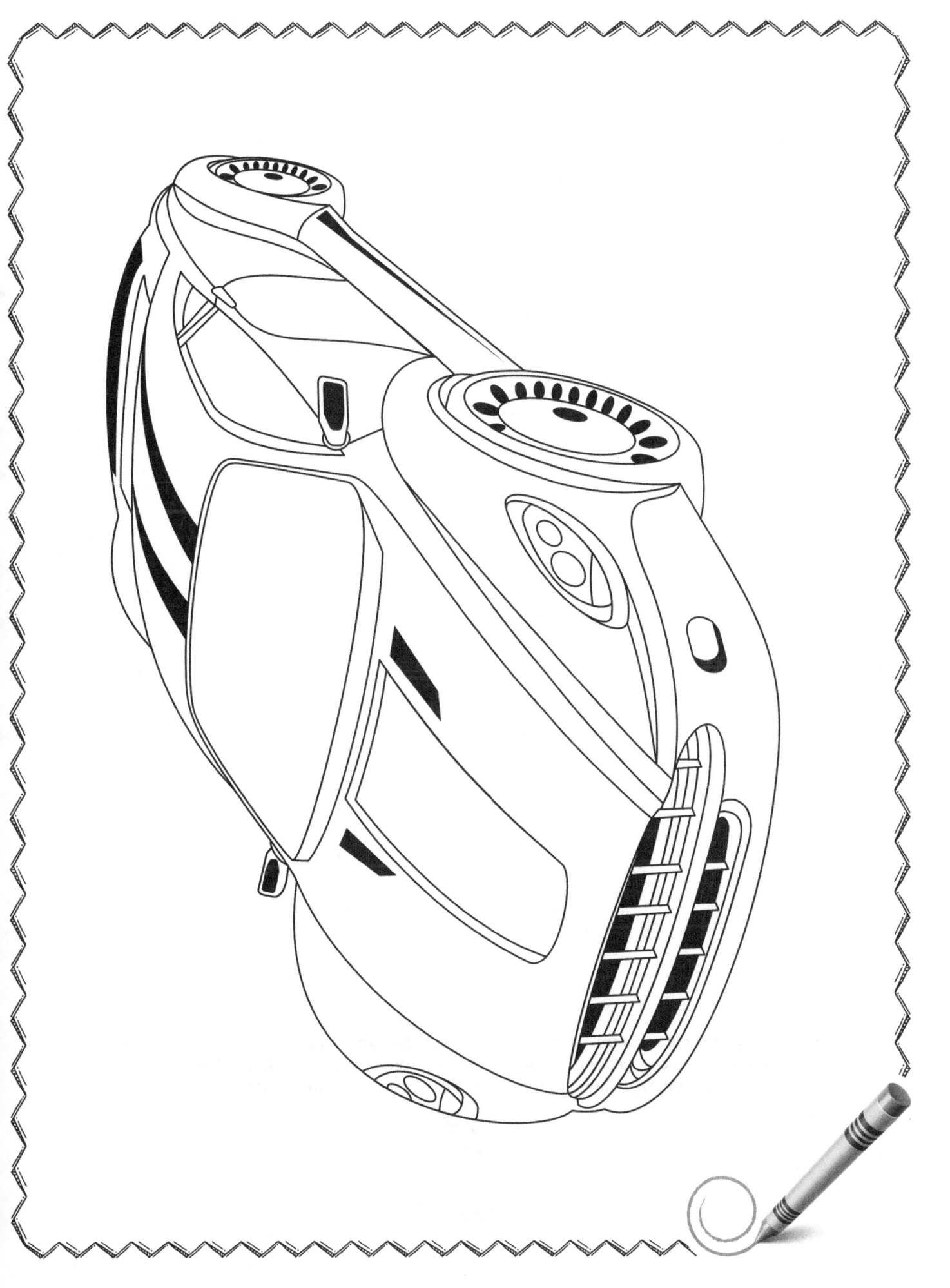

Se trata de un sangrado a través de la página si está usando un colorante marcador o pluma!

Encontrar otros títulos grandes por busca de <u>Bandido Para Colorear</u> en tu favorito libro minorista

Amazon.Ca | Barnes & Noble (BN.Com) | Libros 1 Millón (BAM.Com)

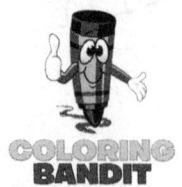

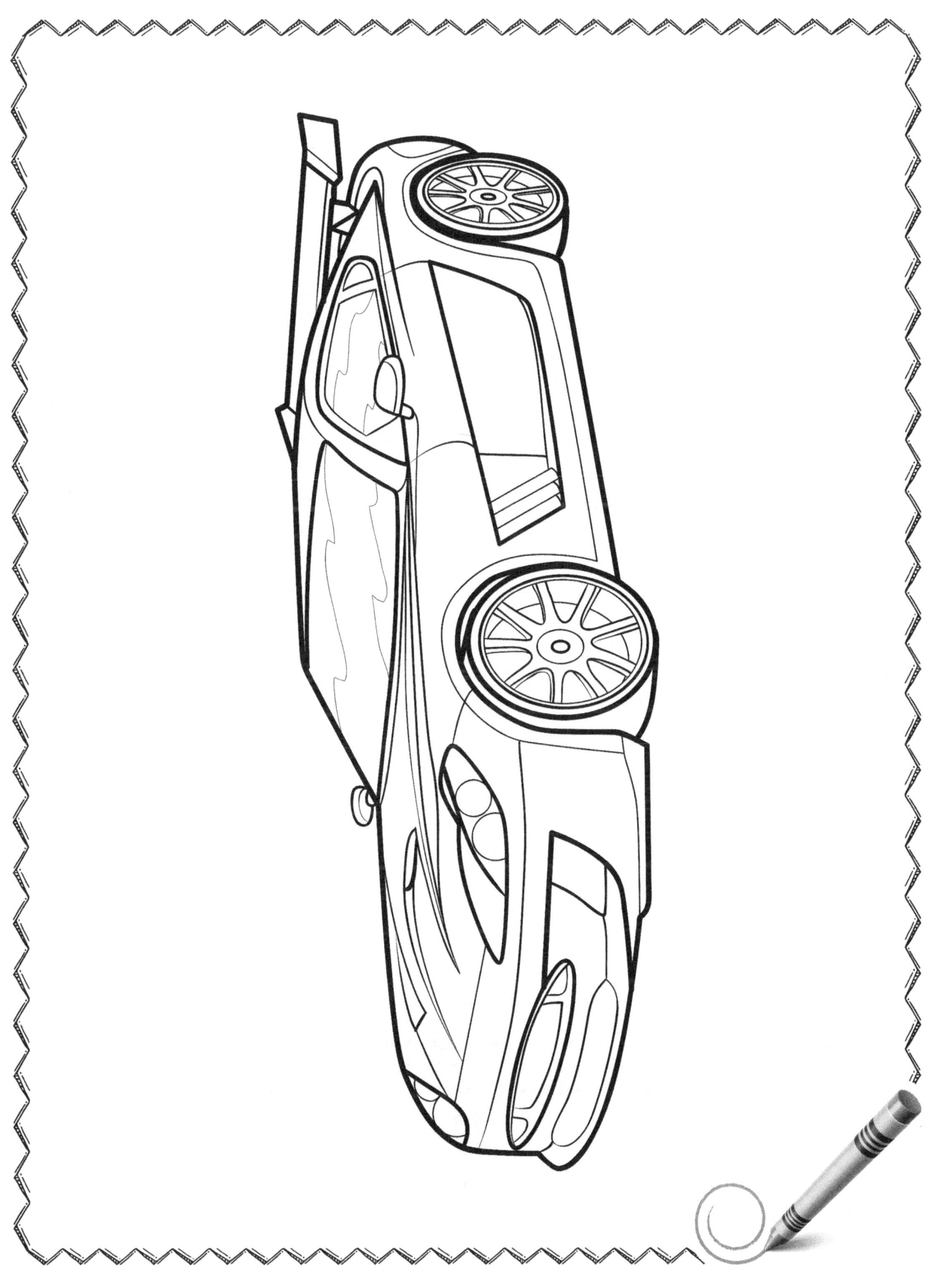

Se trata de un sangrado a través de la página si está usando un colorante marcador o pluma!
Encontrar otros títulos grandes por busca de Bandido Para Colorear en tu favorito libro minorista
Amazon.Ca | Barnes & Noble (BN.Com) | Libros 1 Millón (BAM.Com)

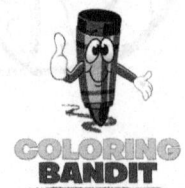

COLORING
BANDIT

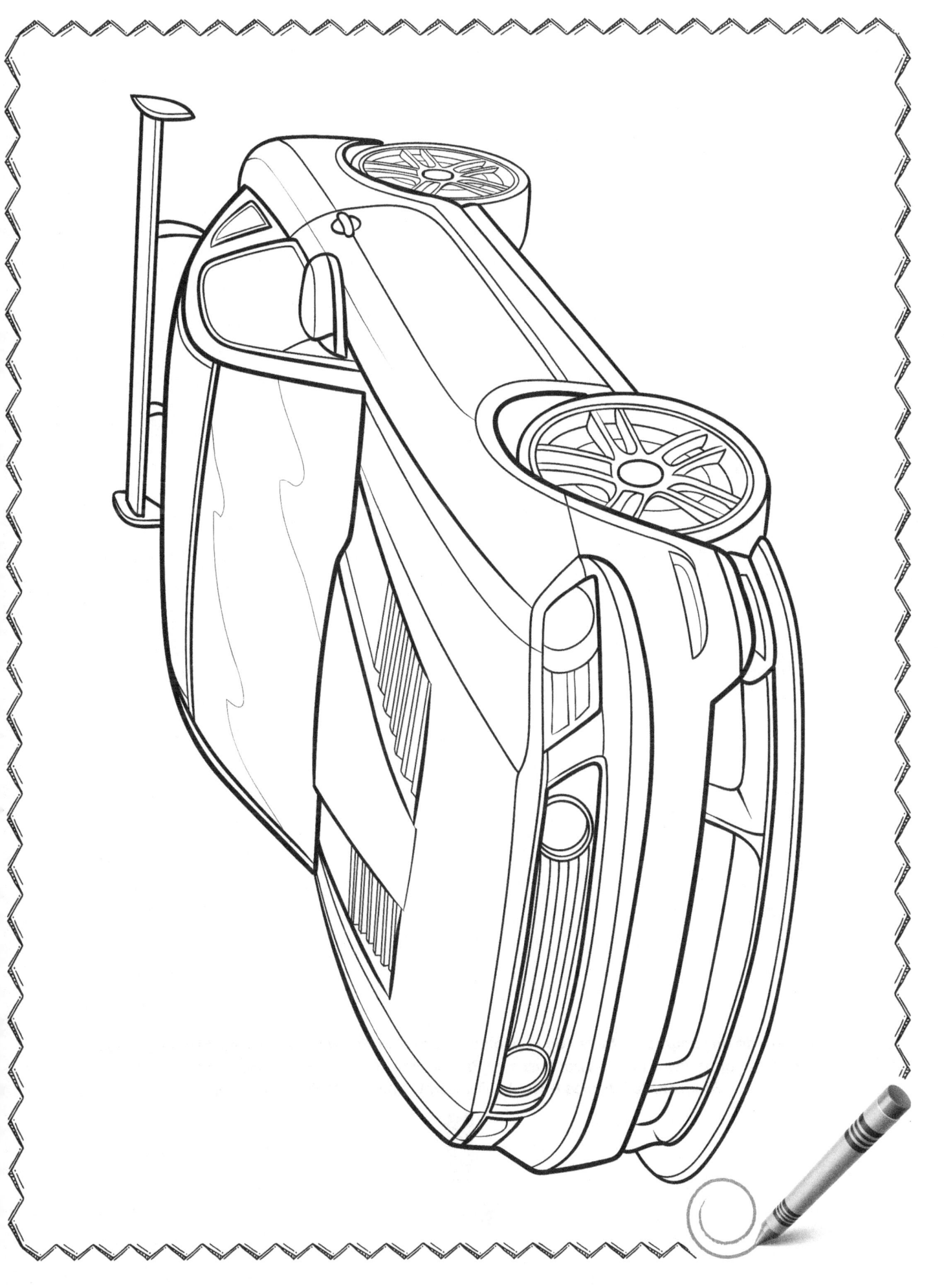

Se trata de un sangrado a través de la página si está usando un colorante marcador o pluma!

Encontrar otros títulos grandes por busca de Bandido Para Colorear *en tu favorito libro minorista*

Amazon.Ca | Barnes & Noble (BN.Com) | Libros 1 Millón (BAM.Com)

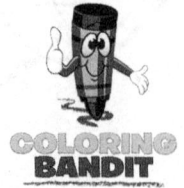

COLORING BANDIT

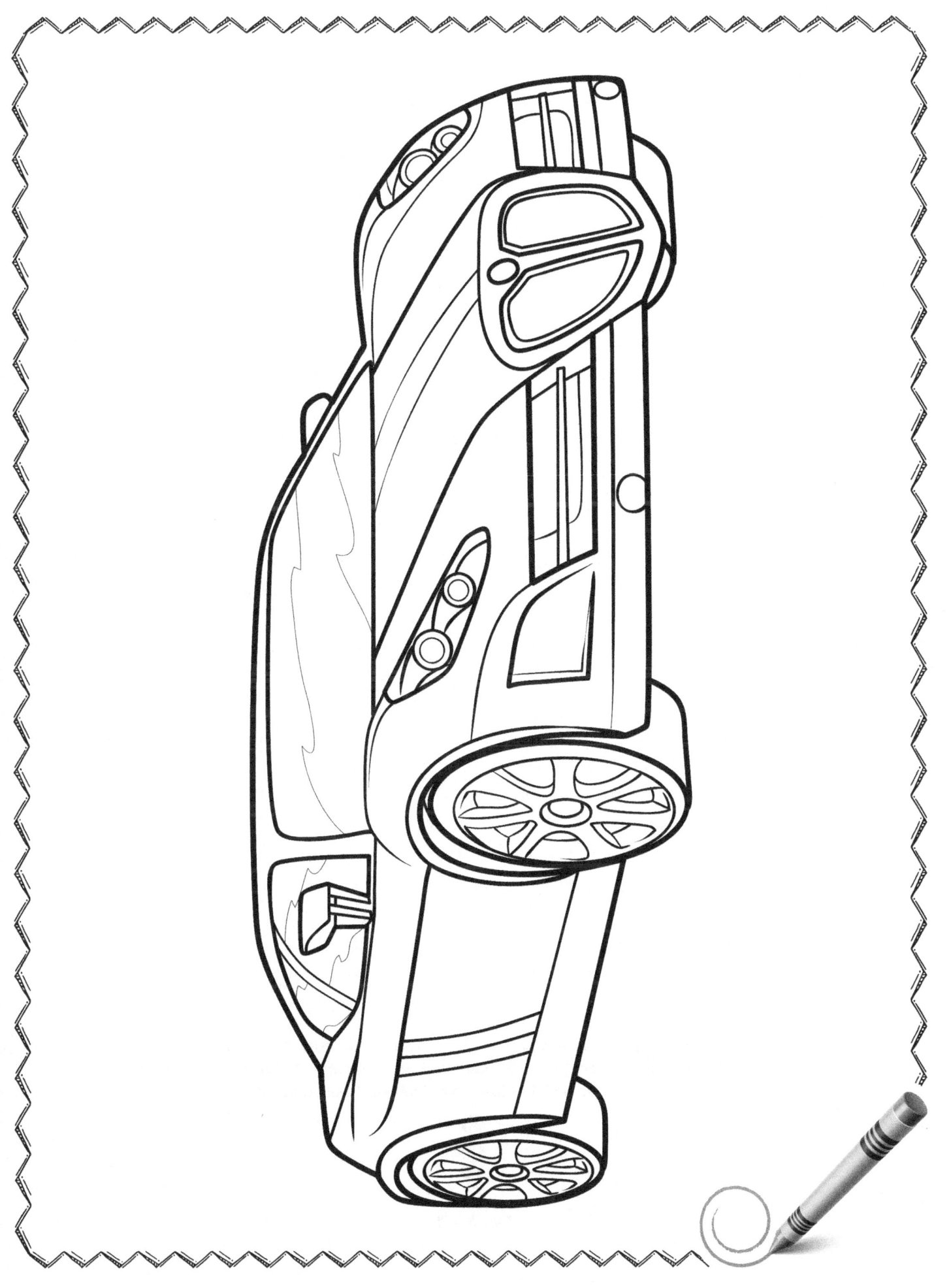

Se trata de un sangrado a través de la página si está usando un colorante marcador o pluma!
Encontrar otros títulos grandes por busca de Bandido Para Colorear en tu favorito libro minorista
Amazon.Ca | Barnes & Noble (BN.Com) | Libros 1 Millón (BAM.Com)

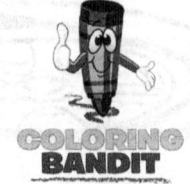

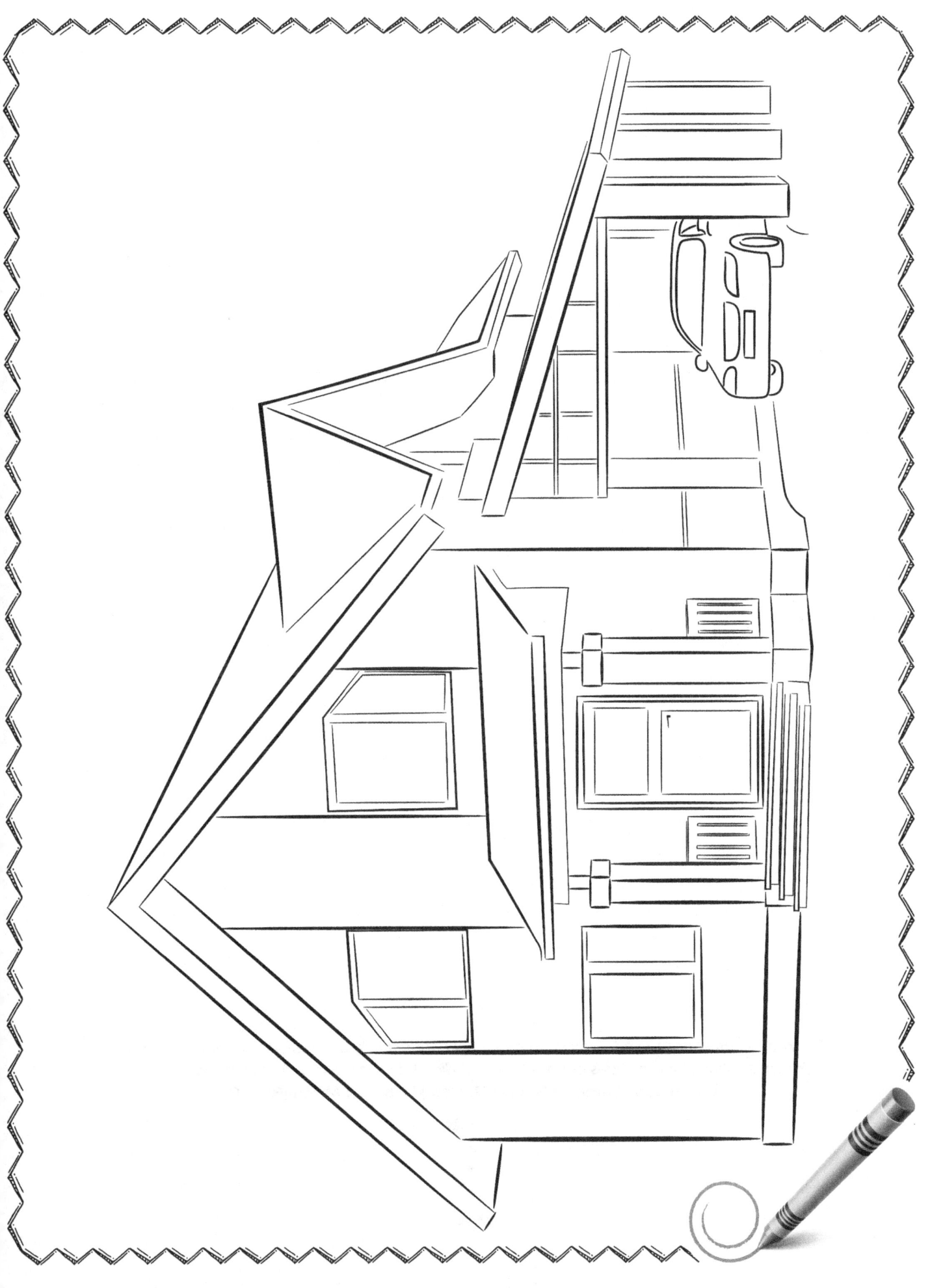

Se trata de un sangrado a través de la página si está usando un colorante marcador o pluma!
Encontrar otros títulos grandes por busca de Bandido Para Colorear en tu favorito libro minorista
Amazon.Ca | Barnes & Noble (BN.Com) | Libros 1 Millón (BAM.Com)

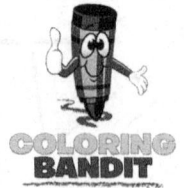

COLORING
BANDIT

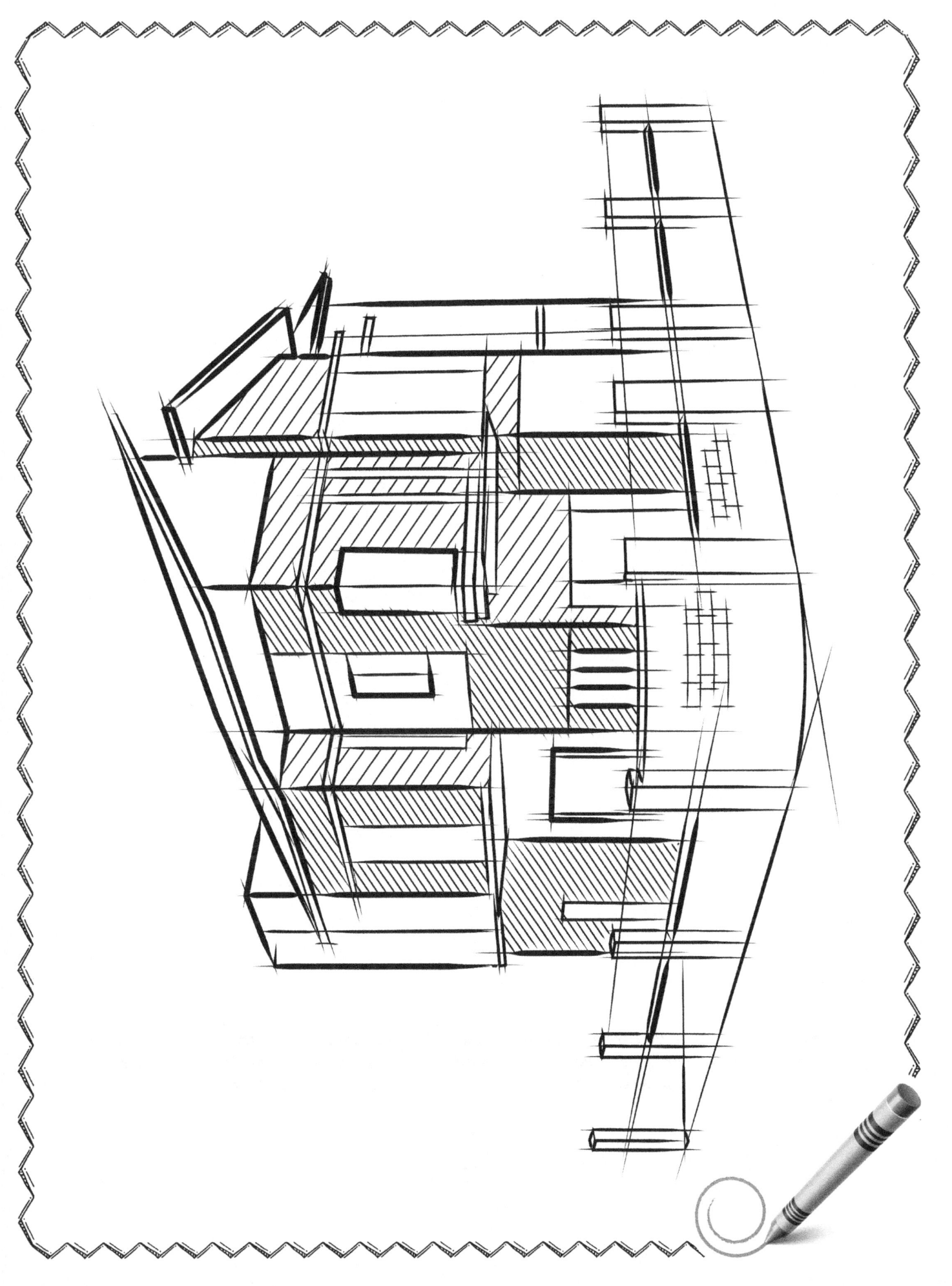

Se trata de un sangrado a través de la página si está usando un colorante marcador o pluma!

Encontrar otros títulos grandes por busca de Bandido Para Colorear en tu favorito libro minorista

Amazon.Ca | Barnes & Noble (BN.Com) | Libros 1 Millón (BAM.Com)

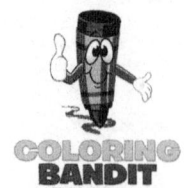

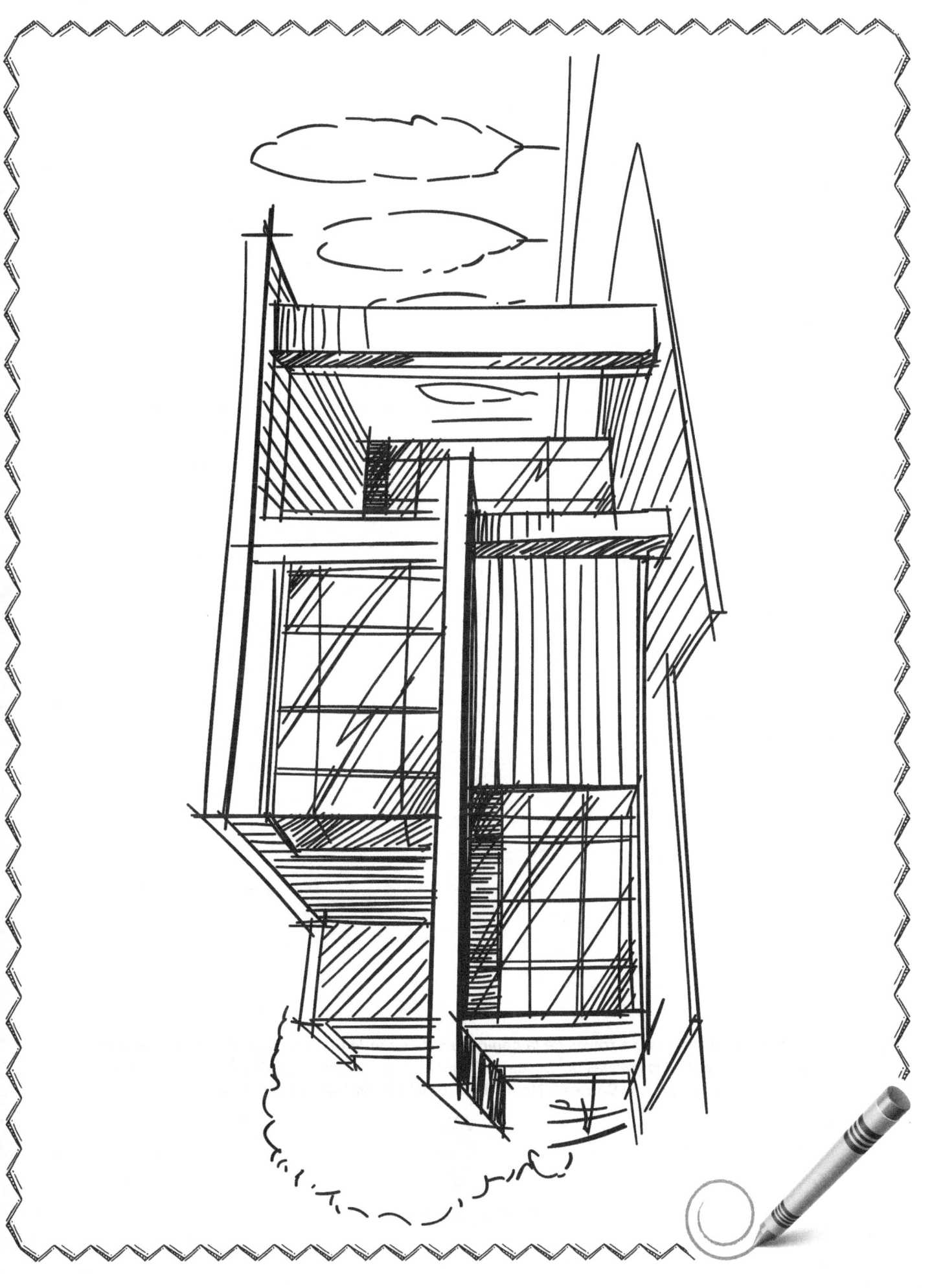

Se trata de un sangrado a través de la página si está usando un colorante marcador o pluma!

Encontrar otros títulos grandes por busca de <u>Bandido Para Colorear</u> en tu favorito libro minorista

Amazon.Ca | Barnes & Noble (BN.Com) | Libros 1 Millón (BAM.Com)

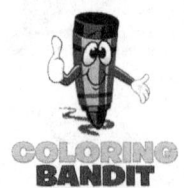

COLORING
BANDIT

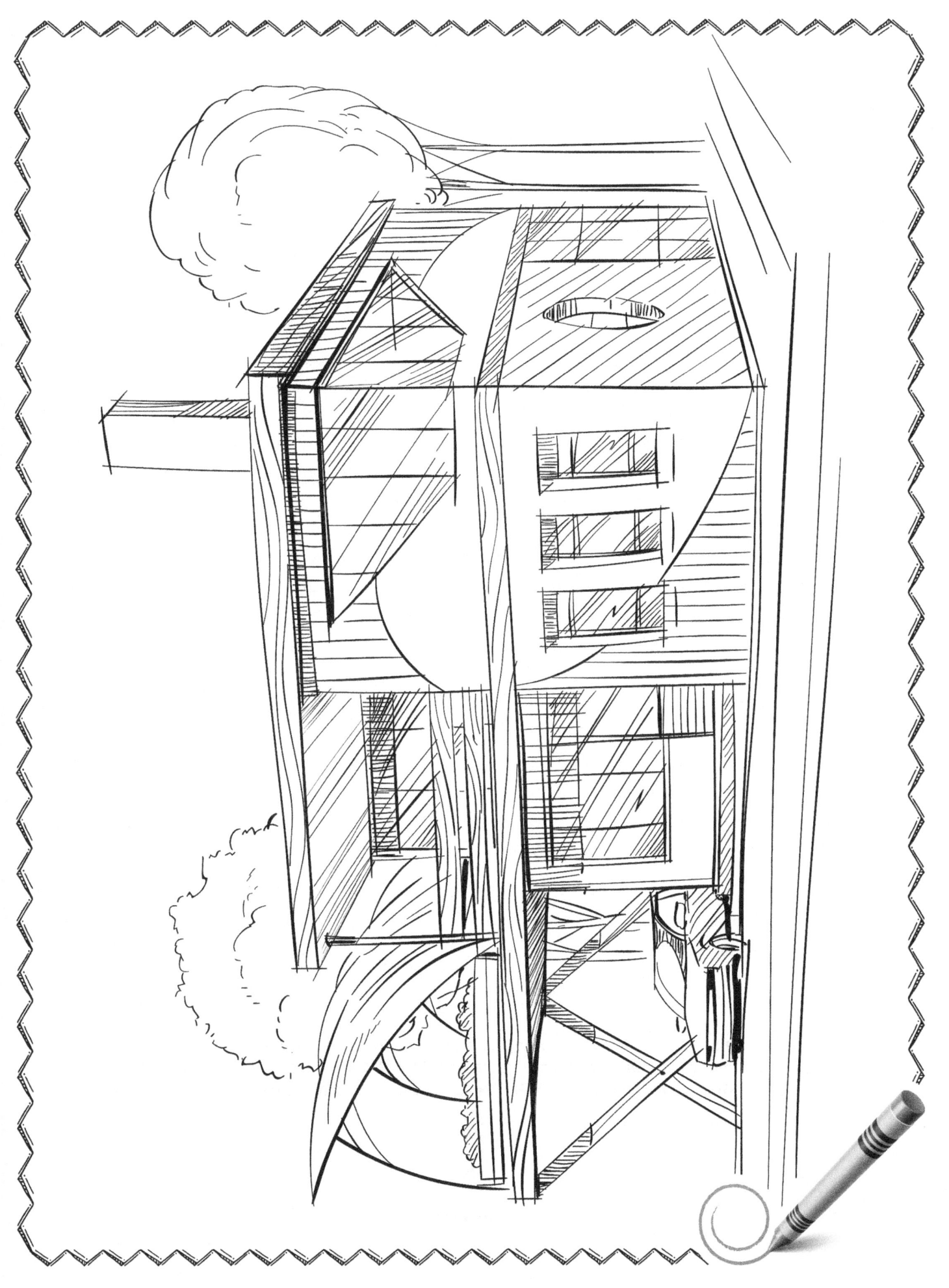

Se trata de un sangrado a través de la página si está usando un colorante marcador o pluma!
Encontrar otros títulos grandes por busca de Bandido Para Colorear en tu favorito libro minorista
Amazon.Ca | Barnes & Noble (BN.Com) | Libros 1 Millón (BAM.Com)

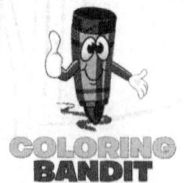

COLORING
BANDIT

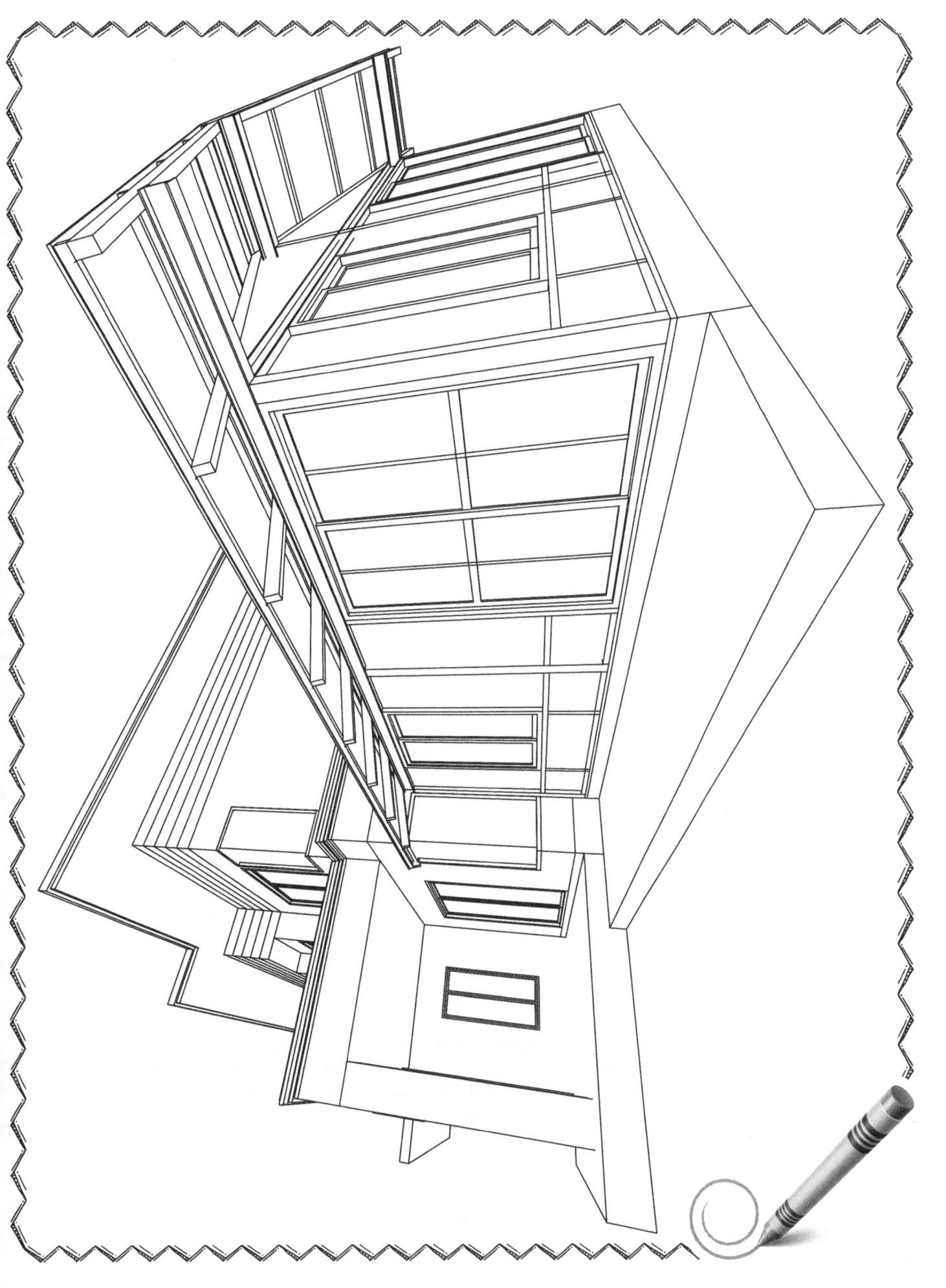

Se trata de un sangrado a través de la página si está usando un colorante marcador o pluma!

Encontrar otros títulos grandes por busca de <u>Bandido Para Colorear</u> en tu favorito libro minorista

Amazon.Ca | Barnes & Noble (BN.Com) | Libros 1 Millón (BAM.Com)

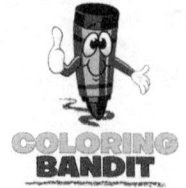

COLORING
BANDIT

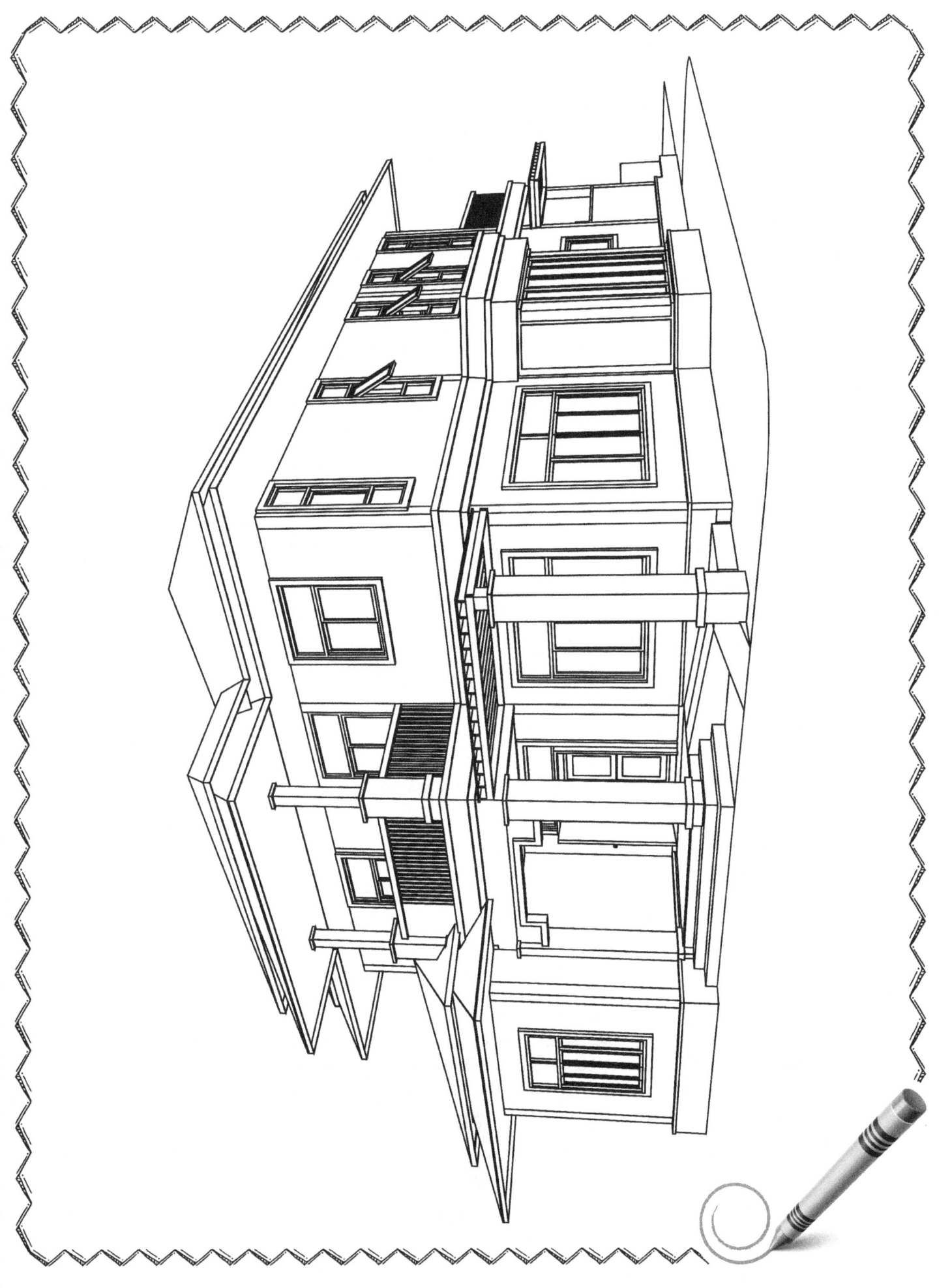

Se trata de un sangrado a través de la página si está usando un colorante marcador o pluma!

Encontrar otros títulos grandes por busca de Bandido Para Colorear en tu favorito libro minorista

Amazon.Ca | Barnes & Noble (BN.Com) | Libros 1 Millón (BAM.Com)

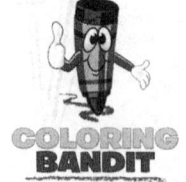

COLORING
BANDIT

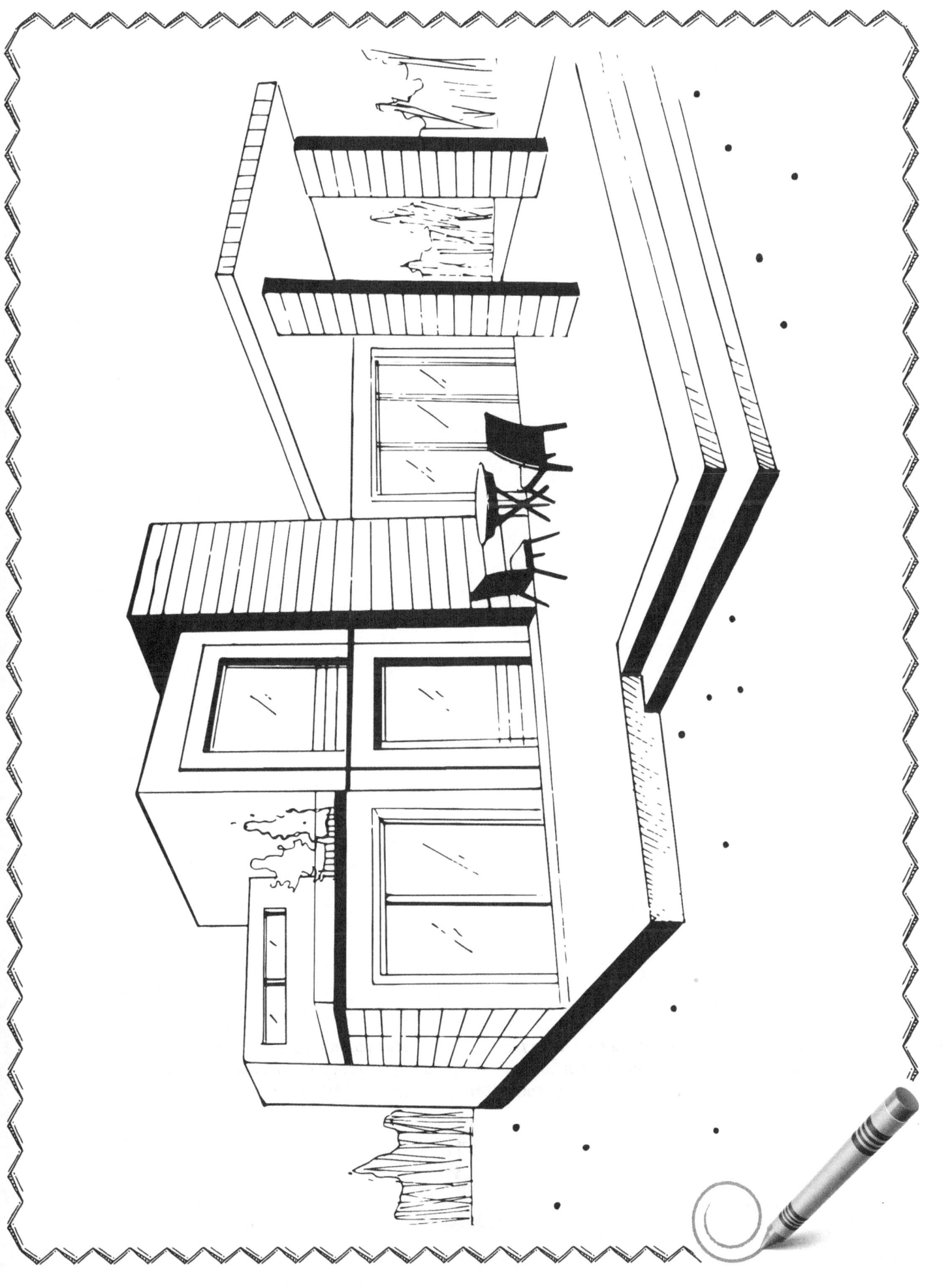

Se trata de un sangrado a través de la página si está usando un colorante marcador o pluma!

Encontrar otros títulos grandes por busca de Bandido Para Colorear *en tu favorito libro minorista*

Amazon.Ca | Barnes & Noble (BN.Com) | Libros 1 Millón (BAM.Com)

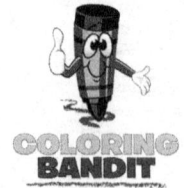

COLORING
BANDIT

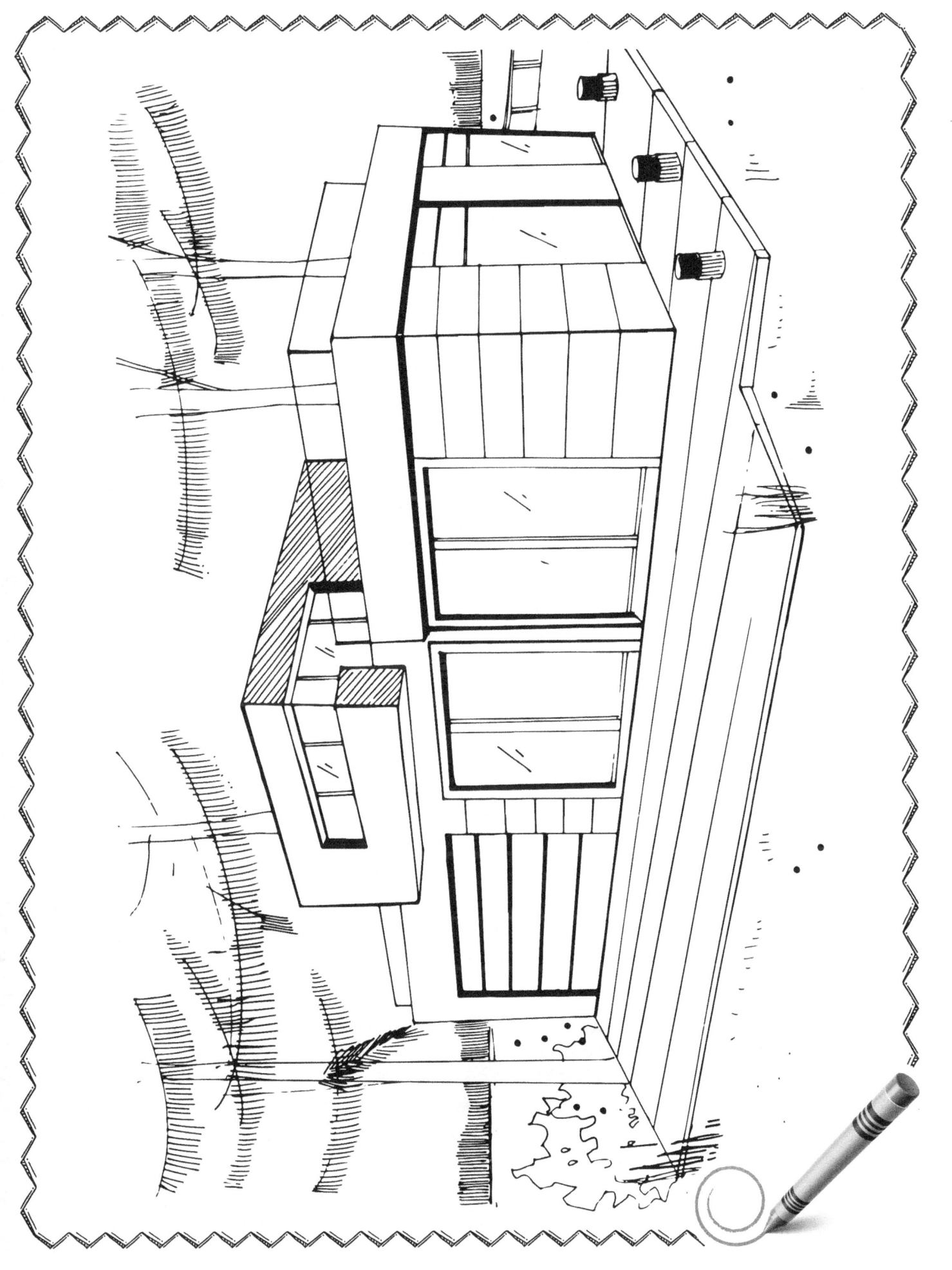

Se trata de un sangrado a través de la página si está usando un colorante marcador o pluma!

Encontrar otros títulos grandes por busca de <u>Bandido Para Colorear</u> en tu favorito libro minorista

Amazon.Ca | Barnes & Noble (BN.Com) | Libros 1 Millón (BAM.Com)

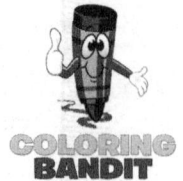

COLORING BANDIT

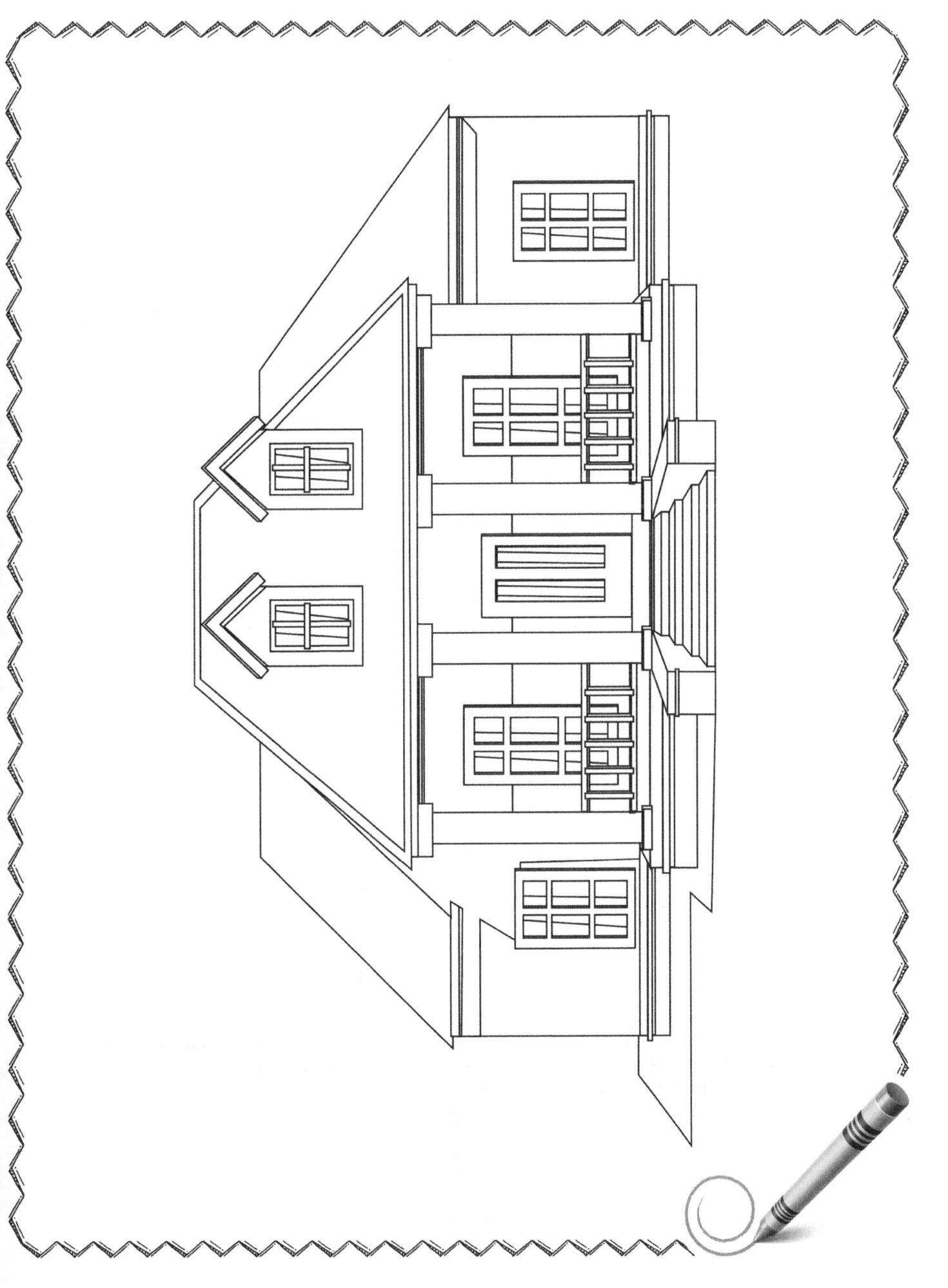

Se trata de un sangrado a través de la página si está usando un colorante marcador o pluma!

Encontrar otros títulos grandes por busca de <u>Bandido Para Colorear</u> *en tu favorito libro minorista*

Amazon.Ca | Barnes & Noble (BN.Com) | Libros 1 Millón (BAM.Com)

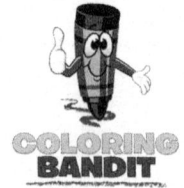

**COLORING
BANDIT**

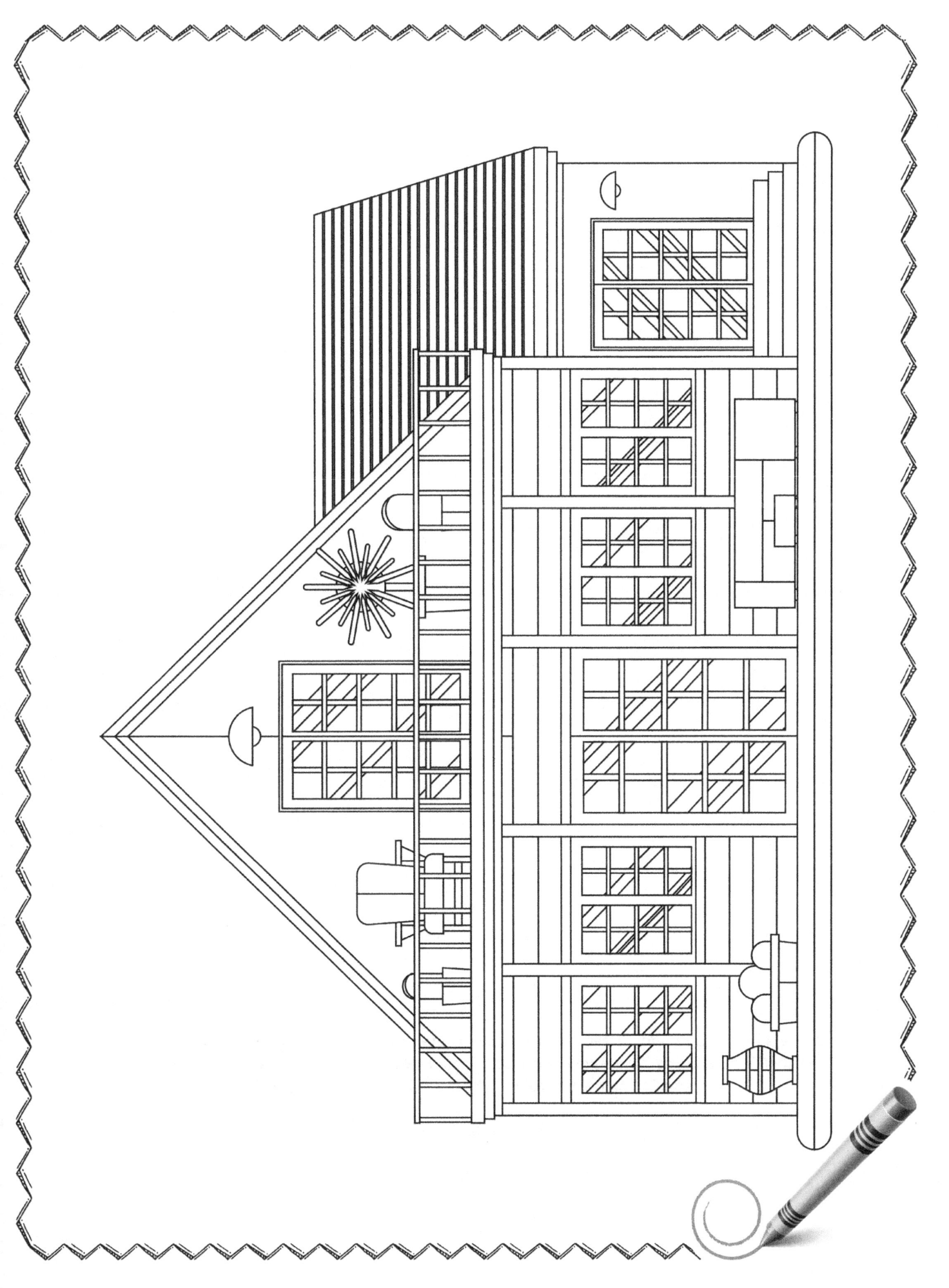

Se trata de un sangrado a través de la página si está usando un colorante marcador o pluma!

Encontrar otros títulos grandes por busca de <u>Bandido Para Colorear</u> *en tu favorito libro minorista*

Amazon.Ca | Barnes & Noble (BN.Com) | Libros 1 Millón (BAM.Com)

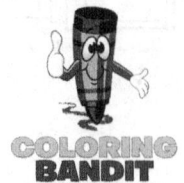

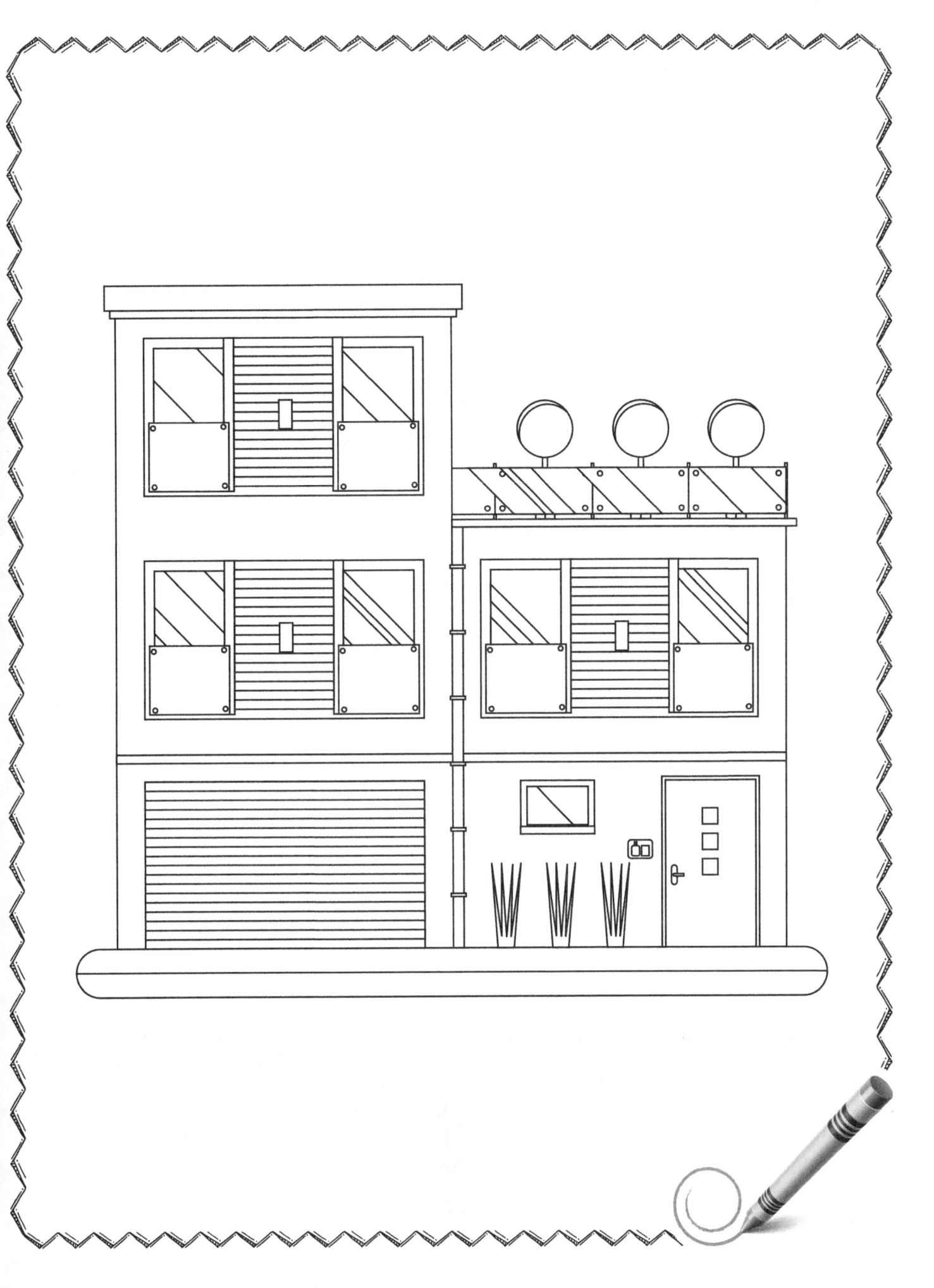

Se trata de un sangrado a través de la página si está usando un colorante marcador o pluma!
Encontrar otros títulos grandes por busca de Bandido Para Colorear en tu favorito libro minorista
Amazon.Ca | Barnes & Noble (BN.Com) | Libros 1 Millón (BAM.Com)

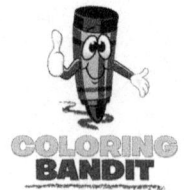

COLORING BANDIT

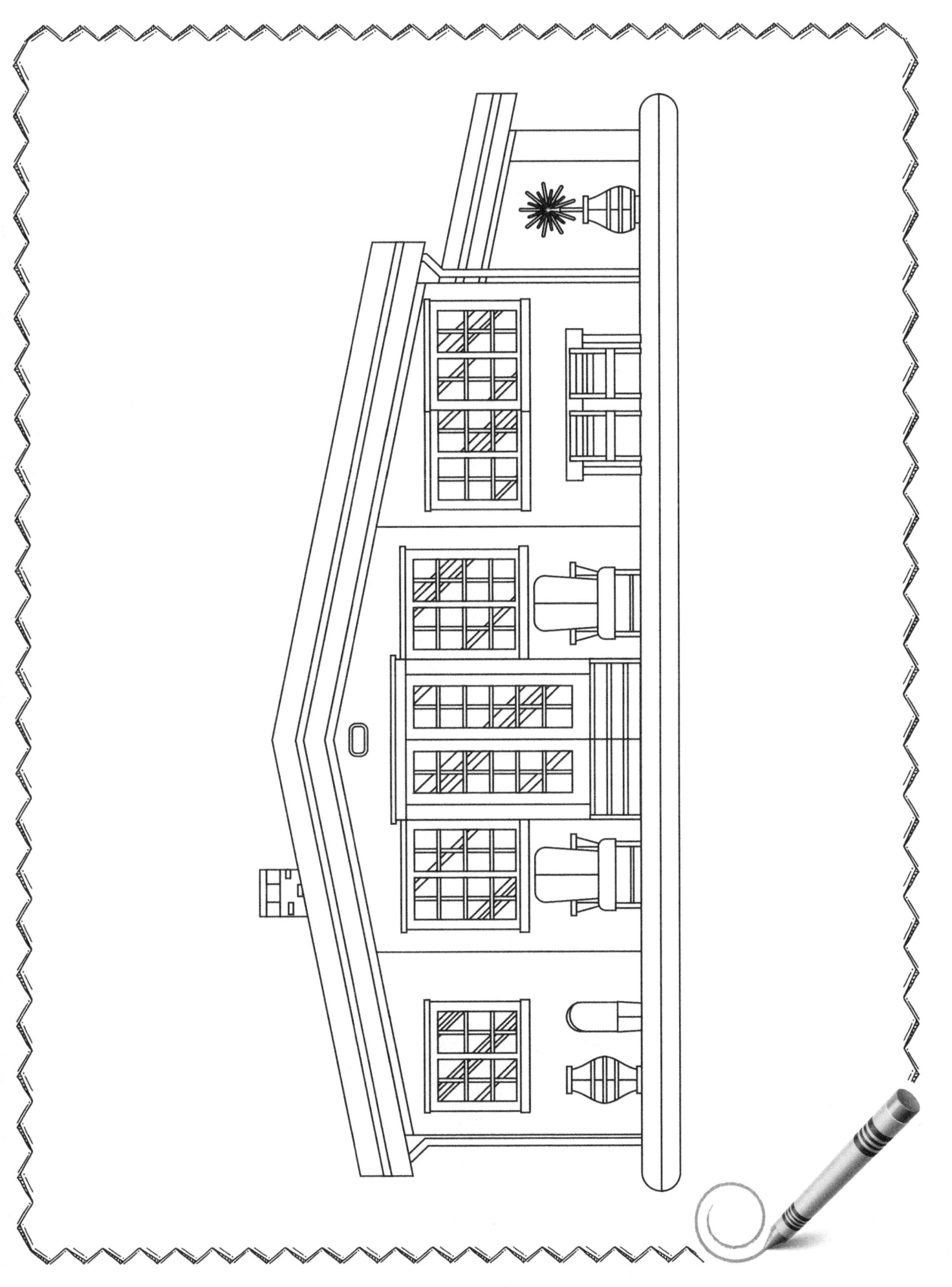

Se trata de un sangrado a través de la página si está usando un colorante marcador o pluma!

Encontrar otros títulos grandes por busca de Bandido Para Colorear en tu favorito libro minorista

Amazon.Ca | Barnes & Noble (BN.Com) | Libros 1 Millón (BAM.Com)

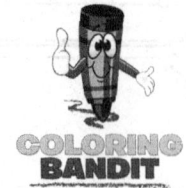

COLORING BANDIT

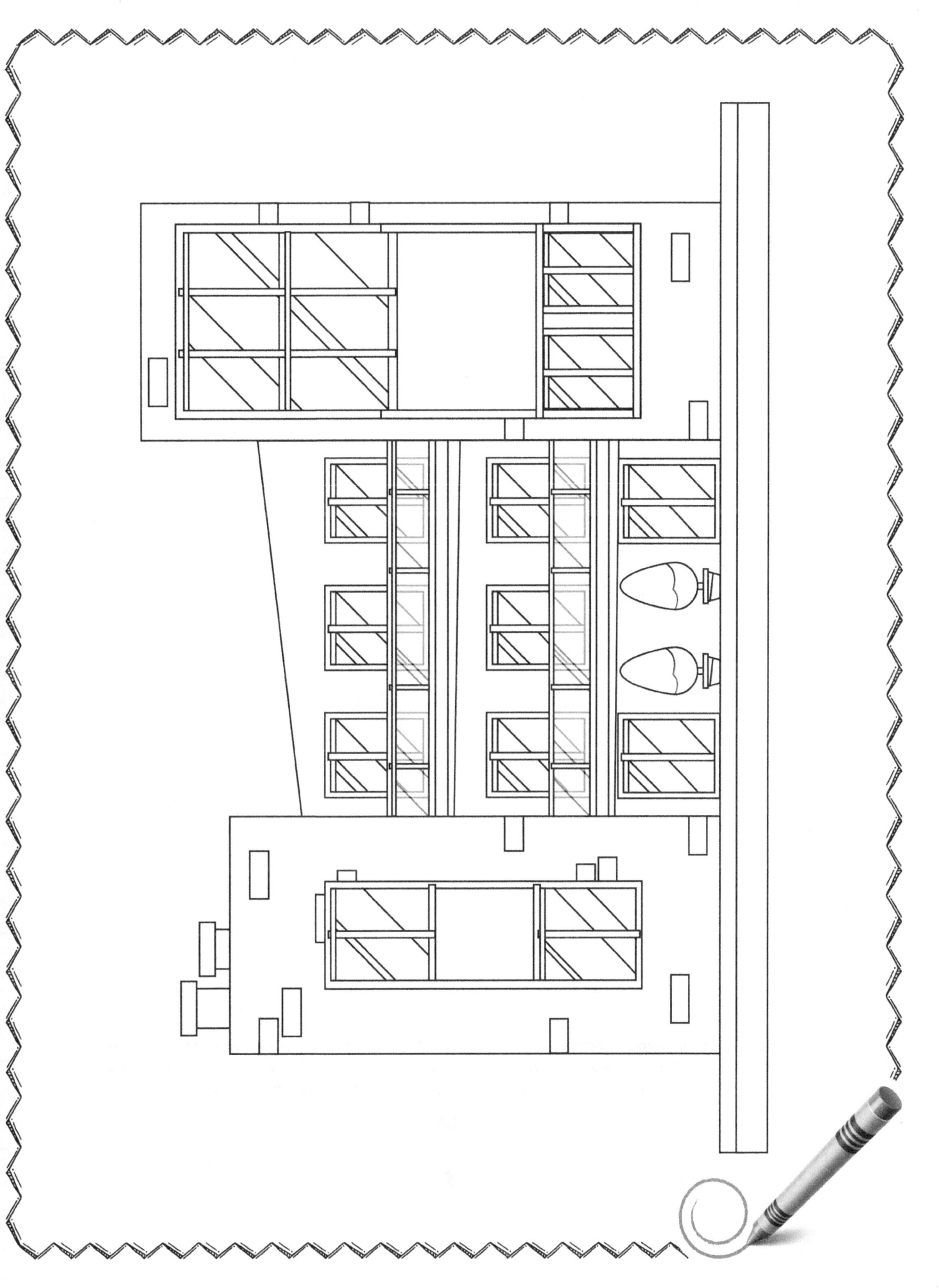

Se trata de un sangrado a través de la página si está usando un colorante marcador o pluma!

Encontrar otros títulos grandes por busca de <u>*Bandido Para Colorear*</u> *en tu favorito libro minorista*

Amazon.Ca | Barnes & Noble (BN.Com) | Libros 1 Millón (BAM.Com)

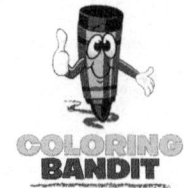

COLORING
BANDIT

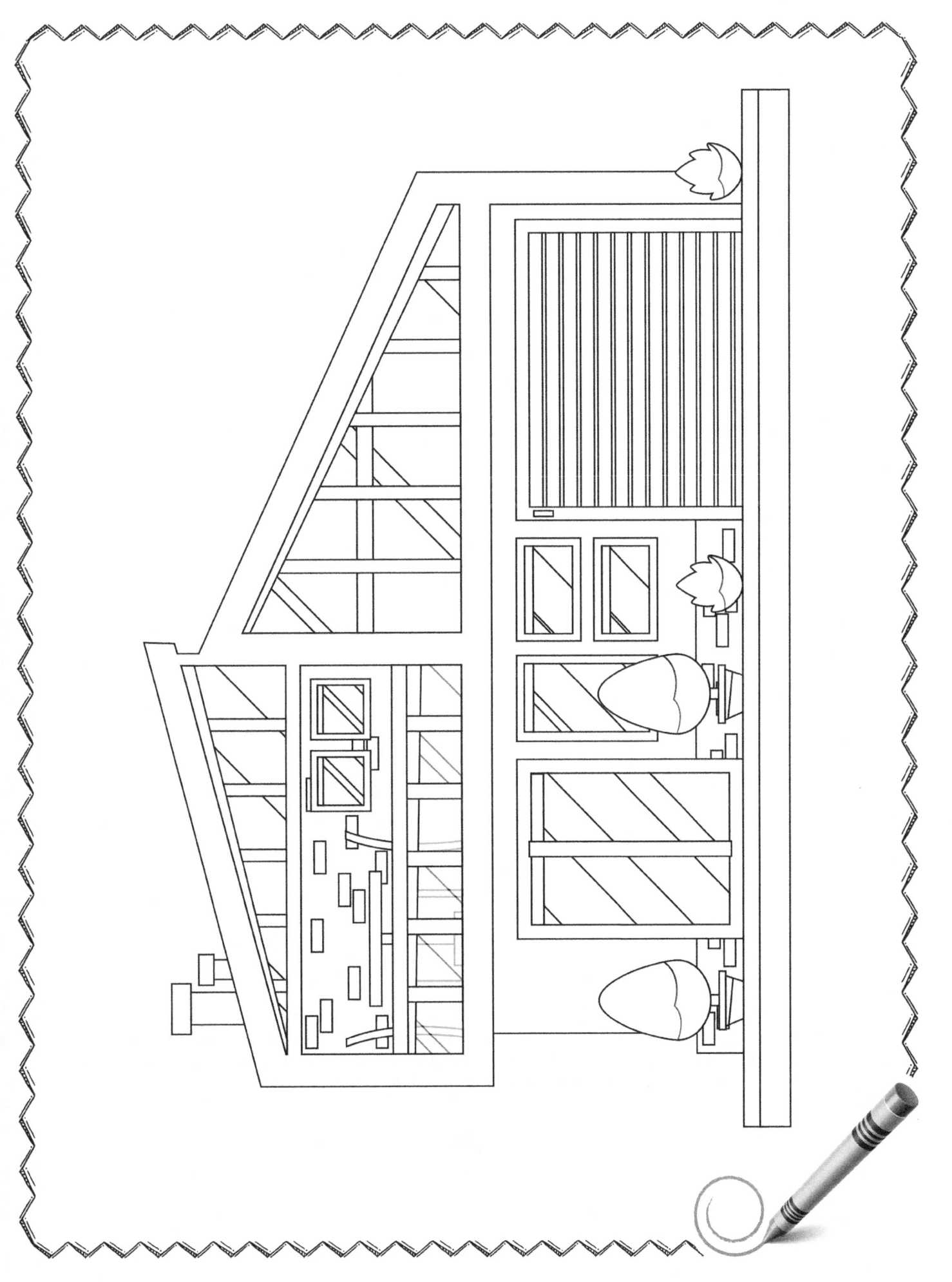

Se trata de un sangrado a través de la página si está usando un colorante marcador o pluma!

Encontrar otros títulos grandes por busca de <u>Bandido Para Colorear</u> *en tu favorito libro minorista*

Amazon.Ca | Barnes & Noble (BN.Com) | Libros 1 Millón (BAM.Com)

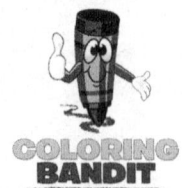

COLORING BANDIT

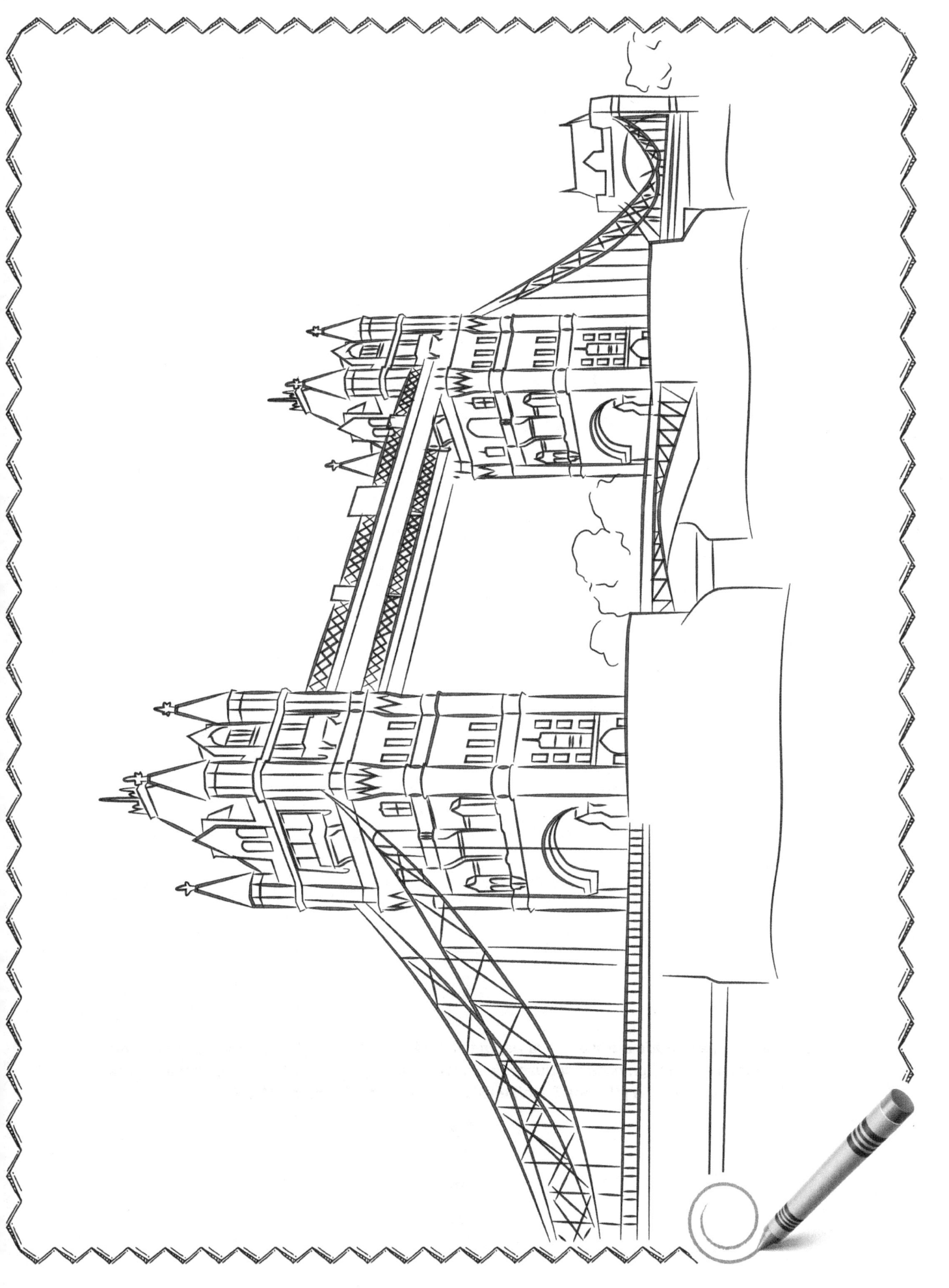

Se trata de un sangrado a través de la página si está usando un colorante marcador o pluma!

Encontrar otros títulos grandes por busca de <u>Bandido Para Colorear</u> *en tu favorito libro minorista*

Amazon.Ca | Barnes & Noble (BN.Com) | Libros 1 Millón (BAM.Com)

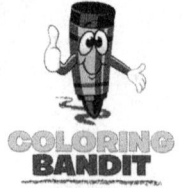

COLORING
BANDIT

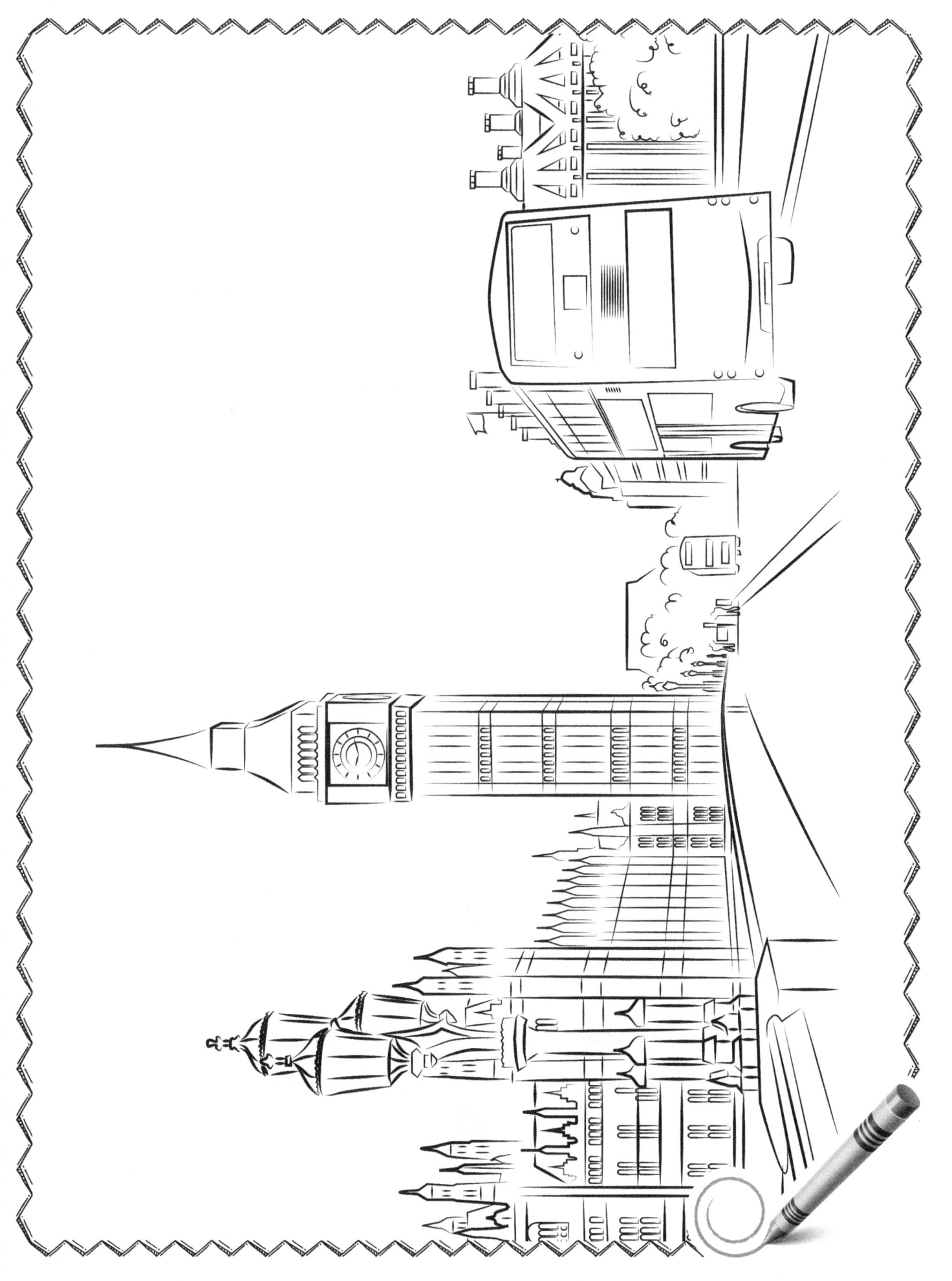

Se trata de un sangrado a través de la página si está usando un colorante marcador o pluma!
Encontrar otros títulos grandes por busca de Bandido Para Colorear en tu favorito libro minorista
Amazon.Ca | Barnes & Noble (BN.Com) | Libros 1 Millón (BAM.Com)

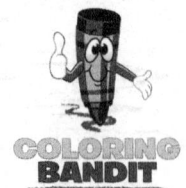

COLORING
BANDIT

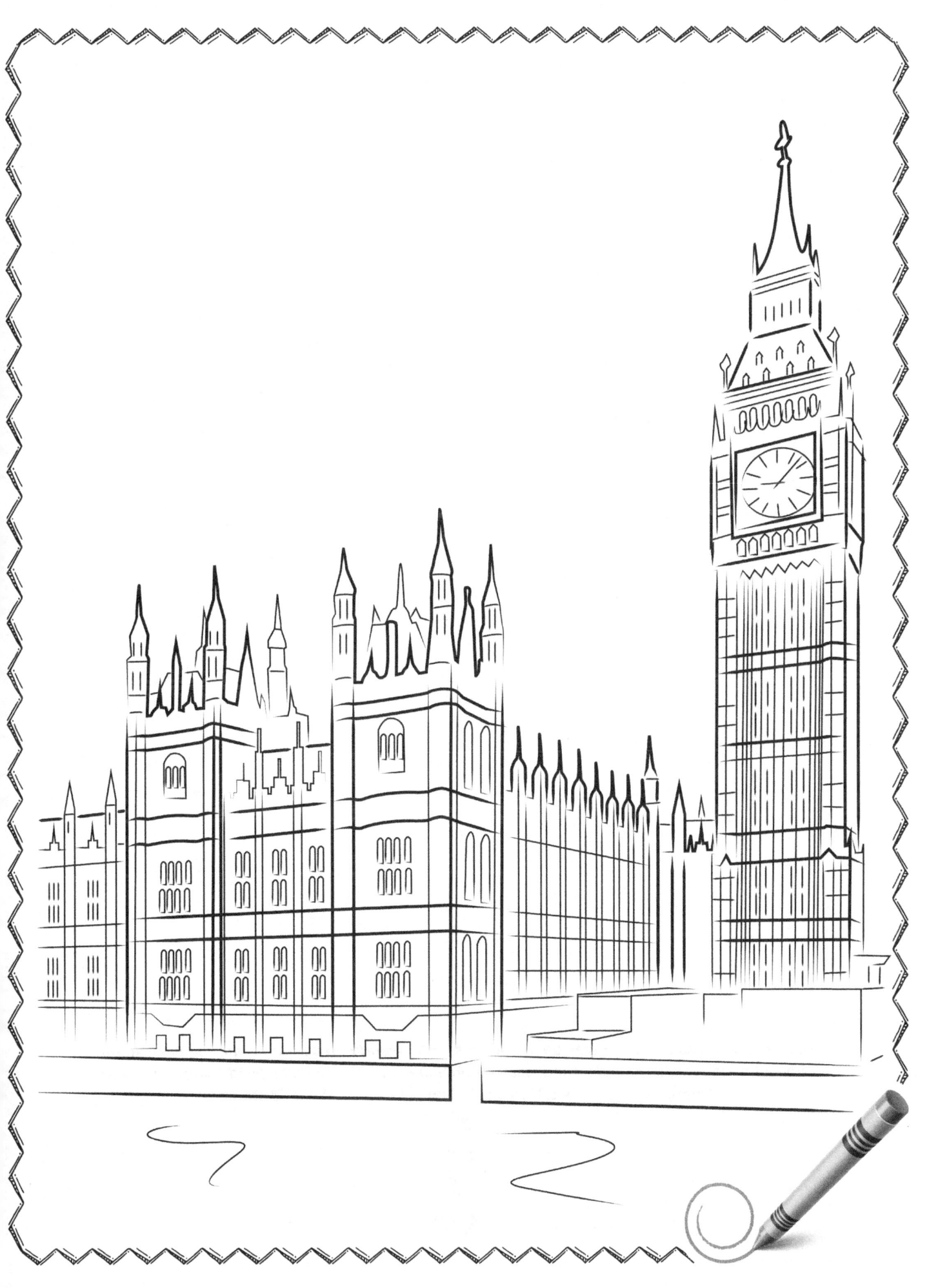

Se trata de un sangrado a través de la página si está usando un colorante marcador o pluma!

Encontrar otros títulos grandes por busca de Bandido Para Colorear *en tu favorito libro minorista*

Amazon.Ca | Barnes & Noble (BN.Com) | Libros 1 Millón (BAM.Com)

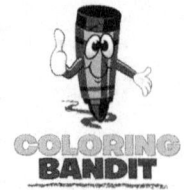

COLORING
BANDIT

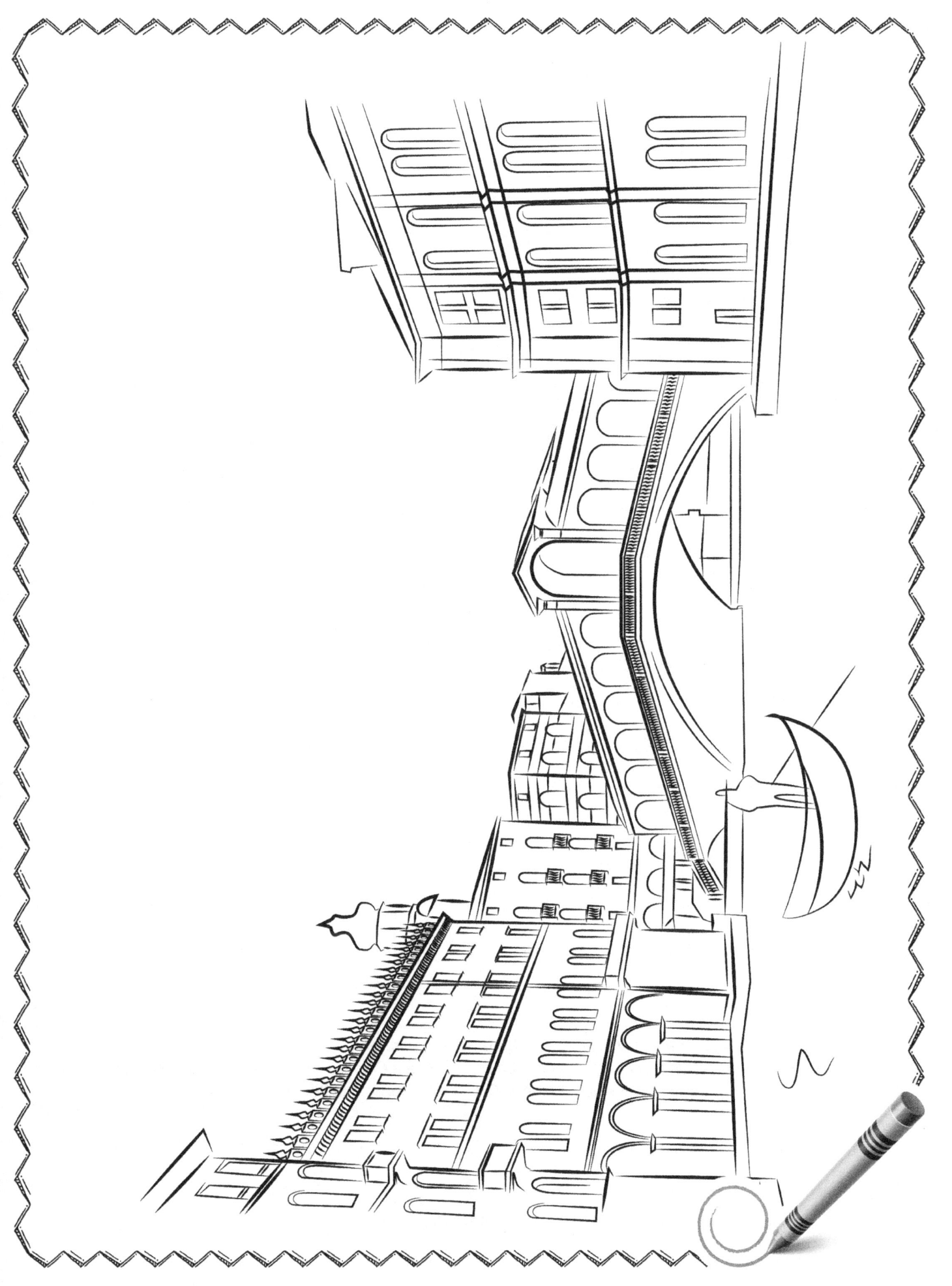

Se trata de un sangrado a través de la página si está usando un colorante marcador o pluma!

Encontrar otros títulos grandes por busca de <u>Bandido Para Colorear</u> en tu favorito libro minorista

Amazon.Ca | Barnes & Noble (BN.Com) | Libros 1 Millón (BAM.Com)

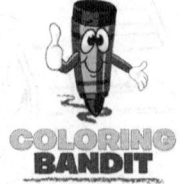

COLORING
BANDIT

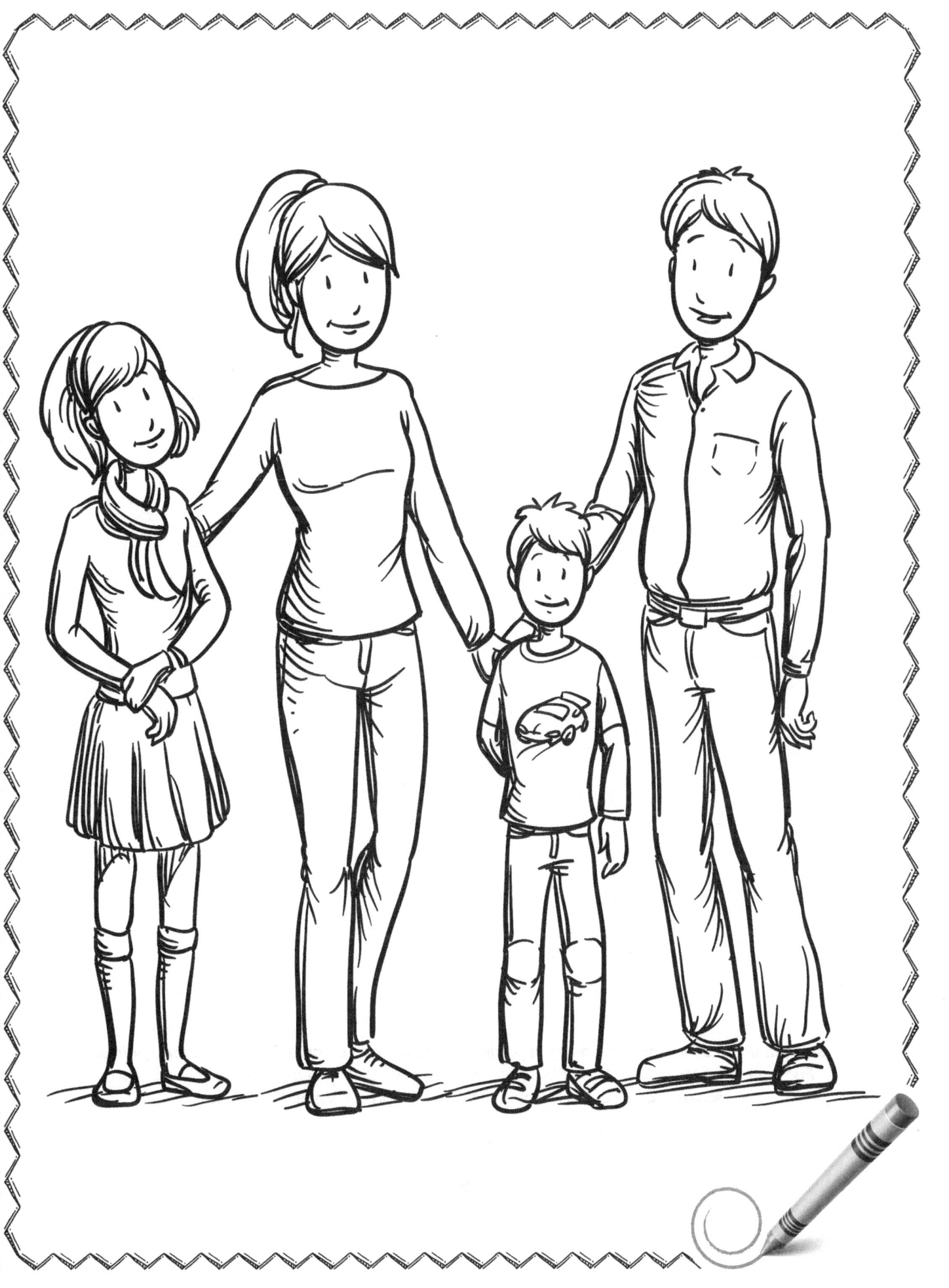

Se trata de un sangrado a través de la página si está usando un colorante marcador o pluma!
Encontrar otros títulos grandes por busca de Bandido Para Colorear en tu favorito libro minorista
Amazon.Ca | Barnes & Noble (BN.Com) | Libros 1 Millón (BAM.Com)

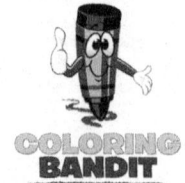

COLORING
BANDIT

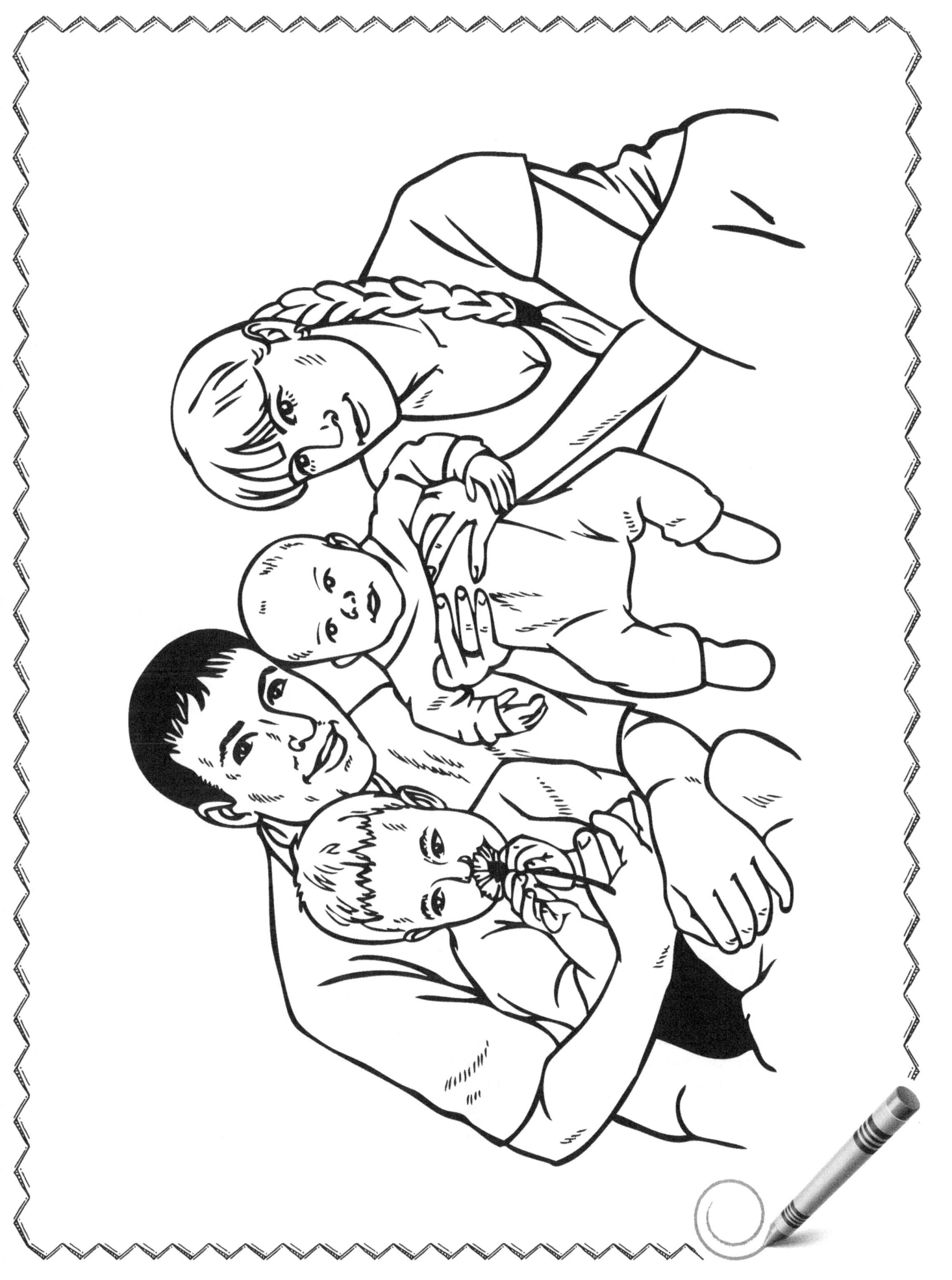

Se trata de un sangrado a través de la página si está usando un colorante marcador o pluma!

Encontrar otros títulos grandes por busca de <u>Bandido Para Colorear</u> *en tu favorito libro minorista*

Amazon.Ca | Barnes & Noble (BN.Com) | Libros 1 Millón (BAM.Com)

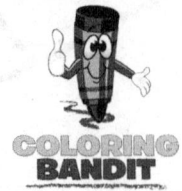

COLORING
BANDIT

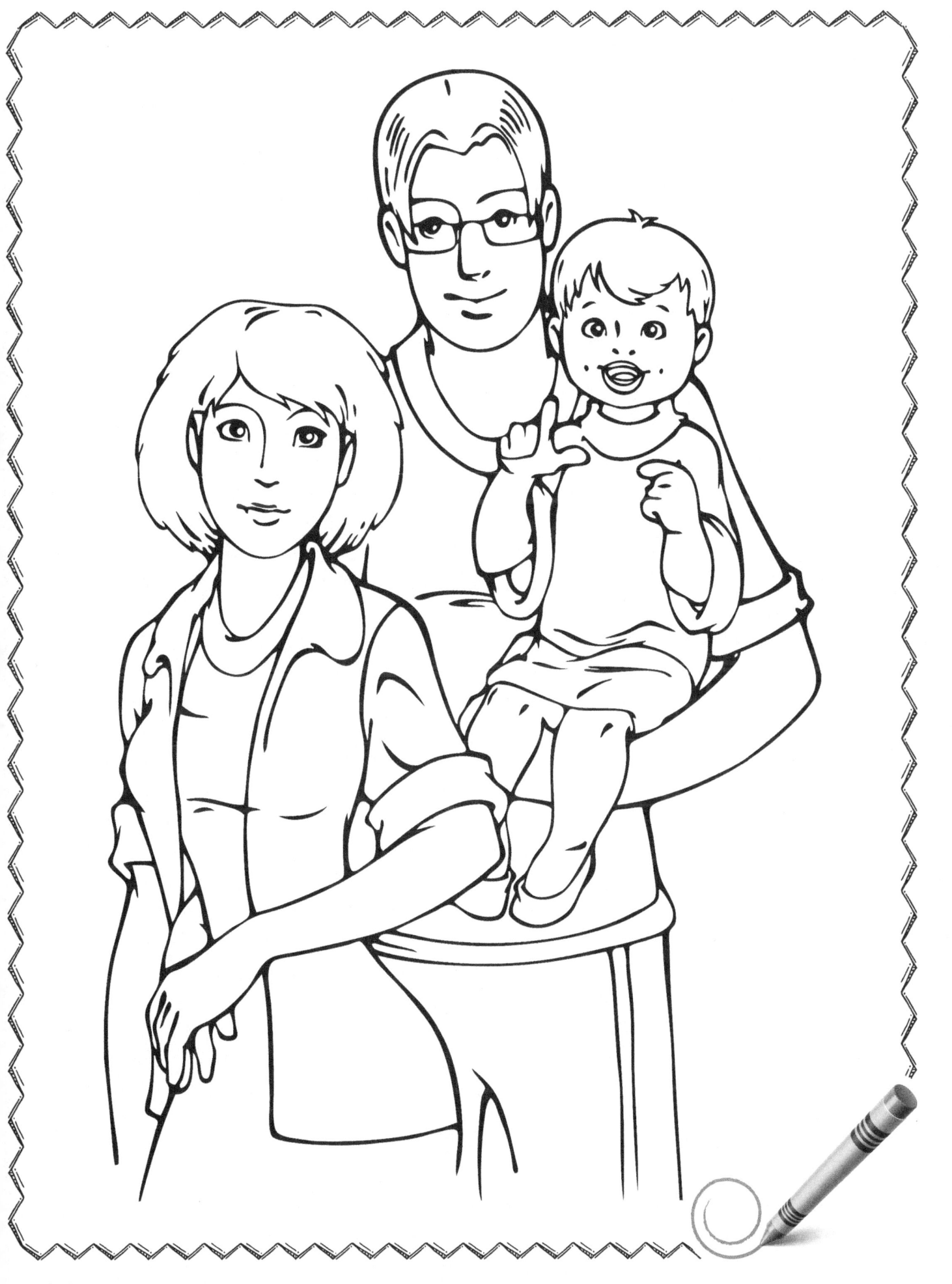

Made in the USA
Monee, IL
07 July 2026

56547350R00037